本研究为2023年度广东省哲学社会科学规划项目"家庭相□
普惠金融支持研究"（GD23CLJ02）和2022年广东技术师范大学博士点建设单位
科研能力提升项目"金融支持与相对贫困缓解研究"（22GPNUZDJS62）的阶段
性成果。

金融支持与相对贫困
缓解研究

刘茂平◎著

吉林大学出版社

·长春·

图书在版编目（CIP）数据

金融支持与相对贫困缓解研究 / 刘茂平著. -- 长春:
吉林大学出版社, 2023.10
ISBN 978-7-5768-1922-9

Ⅰ.①金… Ⅱ.①刘… Ⅲ.①金融支持—扶贫—研究
—中国 Ⅳ.①F832.3

中国国家版本馆CIP数据核字(2023)第141327号

书　　名：金融支持与相对贫困缓解研究
JINRONG ZHICHI YU XIANGDUI PINKUN HUANJIE YANJIU

作　　者：刘茂平
策划编辑：李承章
责任编辑：陈　曦
责任校对：刘守秀
装帧设计：刘　丹
出版发行：吉林大学出版社
社　　址：长春市人民大街4059号
邮政编码：130021
发行电话：0431-89580028/29/21
网　　址：http://www.jlup.com.cn
电子邮箱：jldxcbs@sina.com
印　　刷：湖南省众鑫印务有限公司
开　　本：787mm×1092mm　　1/16
印　　张：13.5
字　　数：190千字
版　　次：2023年10月　第1版
印　　次：2024年3月　第1次
书　　号：ISBN 978-7-5768-1922-9
定　　价：72.00元

前 言

2020 年，在中国共产党的坚强领导和全体中国人民的共同努力下，按照中国现行的贫困标准，中国农村的贫困人口全部脱贫，中华民族历史性地解决了绝对贫困，成为最早实现千年发展目标的发展中国家。2022 年 10 月 16 日，习近平总书记在党的二十大报告中也重点指出，党的十八大以来的十年，我们经历了对党和人民事业具有重大现实意义和深远历史意义的三件大事，其中一件是完成脱贫攻坚、全面建成小康社会的历史任务，实现第一个百年奋斗目标。并且指出，从现在起，中国共产党的中心任务是实现第二个百年奋斗目标，以中国式现代化全面推进中华民族伟大复兴。

而中国式现代化的表征之一是"全体人民共同富裕的现代化"。绝对贫困的消除，解决了中华民族几千年来梦寐以求的基本生存问题，为共同富裕的早日实现打下了坚实基础，但这并不意味着减贫工作的结束，迈向共同富裕的关键成效是缩小差距。因此，家庭之间相对贫困的缓解是实现共同富裕道路上不可回避的新问题。

党的二十大指出，我们要实现好、维护好、发展好最广大人民根本利益，紧紧抓住人民最关心最直接最现实的利益问题，坚持尽力而为、量力而行，深入群众、深入基层，采取更多惠民生、暖民心举措，着力解决好人民群众急难愁盼问题，健全基本公共服务体系，提高公共服务水平，增强均衡性和可及性，扎实推进共同富裕。

本书就是在我国"绝对贫困刚刚消除、共同富裕如何实现"这样的历史背景下，从金融如何缓解相对贫困并进而实现共同富裕的视角，在假设提出的基础上，基于中国家庭追踪调查（CFPS）数据，通过线性回归方法、工具变量法，以及基于"反事实框架"的倾向得分匹配（PSM）方法等，对家庭相对贫困的金融缓解效应进行研究而形成的。

贫困问题是一个世界性难题，国外很多的金融扶贫模式和成功经验，能为我们开展相对贫困金融治理提供很好的参考与启示。因此，在内容上本书也对这些典型的相对贫困治理案例进行了相应的分析。

本书认为，对于相对贫困的缓解，更宜采用开发式扶贫也即"造血"式扶贫，以市场化为特征的金融扶贫即符合"造血"式扶贫的本质要求，金融就是可能的抓手之一。完善金融相关体制机制，强化金融的"赋能"功能，提升金融服务的可得性，助推相对贫困的缓解，将有利于促进共同富裕的早日实现。

目 录

第 1 章　导论 ·· 1

　1.1　研究目标 ·· 2

　1.2　本研究的理论和实际应用价值 ················· 3

　1.3　研究内容 ·· 4

　1.4　拟突破的重点难点 ································· 7

　1.5　研究思路 ·· 7

　1.6　研究方法 ·· 9

第 2 章　文献综述 ·· 10

　2.1　国内外研究现状 ······························· 10

　2.2　研究述评 ·· 16

第 3 章　金融支持与相对贫困缓解的理论分析 ············· 18

　3.1　相对贫困研究的相关理论基础 ············· 19

　3.2　相对贫困的基本特征 ··························· 20

　3.3　相对贫困形成的影响因素 ···················· 22

　3.4　相对贫困金融治理的特征 ···················· 24

　3.5　相对贫困金融治理的难点 ···················· 27

　3.6　金融在防返贫和相对贫困治理中的作用 ············· 30

　3.7　小结 ·· 35

第 4 章　我国相对贫困金融治理现状分析 ················· 36

　4.1　我国脱贫攻坚的现状 ·················· 37

　4.2　我国相对贫困金融治理存在的问题分析 ············· 39

　4.3　相对贫困金融治理的形态发展有待提高 ············· 43

　4.4　小结 ·························· 48

第 5 章　金融机构参与扶贫对其企业绩效的影响分析 ········· 49

　5.1　理论分析与假设提出 ·················· 50

　5.2　研究设计 ······················ 52

　5.3　实证分析 ······················ 55

　5.4　进一步分析 ····················· 63

　5.5　研究结论与启示 ··················· 68

第 6 章　金融支持与相对贫困缓解的实证分析 ··········· 70

　6.1　基于恩格尔系数的金融缓解实证分析 ············· 70

　6.2　正规金融支持与家庭相对贫困缓解——基于 PSM 模型的分析

　　··························· 91

　6.3　民间金融的相对贫困缓解效应——基于倾向得分匹配法的分析

　　··························· 105

第 7 章　相对贫困金融治理个案研究 ·············· 125

　7.1　G 市相对贫困金融治理研究 ··············· 125

　7.2　河源市金融扶贫状况与相对贫困金融治理对策研究 ······· 145

　7.3　大学生相对贫困与金融治理 ··············· 151

第 8 章 金融扶贫的案例分析 ………………………………… 162

  8.1 相对贫困金融治理国外经验 ……………………………… 162

  8.2 国内案例 …………………………………………………… 166

  8.3 案例启示 …………………………………………………… 173

第 9 章 对策建议 ……………………………………………… 175

  9.1 从相对贫困群体内需角度分析金融治理相对贫困的对策建议

    ………………………………………………………………… 175

  9.2 不同金融形态角度的相对贫困金融治理建议 …………… 178

  9.3 多方支持主体角度的相对贫困金融治理长效机制构建 …… 184

结 语 …………………………………………………………… 191

参考文献 ………………………………………………………… 192

附 录 …………………………………………………………… 199

后 记 …………………………………………………………… 205

第 1 章　导论

　　贫困问题不仅仅是一种在经济方面出现窘困的现象，更是一种在精神方面存在剥夺感的社会现象。消除它一直是人类孜孜以求的梦想，是全世界人民追求幸福生活的基本权利，消除贫困也因此"被世界各国认定为实现人权保障的重要目标"（顾海英，2020）。自 1949 年新中国成立以来，贫困问题就始终得到党和国家的高度重视，坚持以人民为中心，实施精准扶贫脱贫基本方略，同时主动融入全球贫困治理，积极响应联合国《千年发展目标》和《2030 年可持续发展议程》。2020 年，在中国共产党的领导和全体人民的共同努力下，按照中国现行的贫困标准，中国农村的贫困人口全部脱贫，中华民族历史性地解决了绝对贫困，成为最早实现千年发展目标的发展中国家，为全人类的减贫脱贫事业做出了重大贡献，也同时为全世界的减贫事业提供了可借鉴的中国方案。

　　然而，绝对贫困的消除并不意味着减贫工作的结束，我们将面临一种更为持久的贫困，即相对贫困。和绝对贫困不同的是，相对贫困强调的是在同一区域同一人群中生活状态的相对性，因此，更具有持久性和复杂性。相对贫困首次出现在党的政策文件里是在 2019 年的党的十九届四中全会，该次全会文件提出"坚决打赢脱贫攻坚战，巩固脱贫攻坚成果，建立解决相对贫困的长效机制"。紧接着在党的十九届四中全会的后一年即 2020 年，国务院《关于抓好"三农"领域重点工作确保如期实现全面小康的意见》又明确提出"今后扶贫工作重心转向解决相对贫困"，为我国未来的社会治理指明了方向，即解决"相对贫困"问题。现行标准下的绝对贫困解决以后，新时代的贫困治理将突出表现为如何治理和缓解相对贫困。相对贫困表现为相对收入的"贫"和相对能力的"困"，更宜采用开发式扶贫也即"造血"式扶贫，以市场化为特征的金融扶贫即满足"造血"式扶贫的本质要求。

习近平总书记近些年多次提到金融扶贫的重要性：2015 年 11 月，在中央扶贫开发工作会议上强调要重视金融扶贫；2017 年 2 月，在中共中央政治局第三十九次集体学习时强调要加强金融扶贫的力度；2017 年 7 月，在全国金融工作会议上强调要建设普惠金融体系，推进金融精准扶贫。党的十九大报告指出，坚决打赢脱贫攻坚战，鼓励和引导各类金融机构支持扶贫工作等。2021 年，我国脱贫攻坚战取得全面胜利，"巩固成效、深化提质"成为新主题。党的十九届四中全会明确提出要"巩固脱贫攻坚成果，建立解决相对贫困的长效机制"；本研究从金融的视角研究相对贫困的缓解，对我国《国民经济和社会发展第十四个五年规划和 2035 年远景目标纲要》提出的"实现巩固拓展脱贫攻坚成果同乡村振兴有效衔接"的战略目标的实现以及党的二十大提出的对共同富裕战略目标的实现有较大的借鉴意义。

1.1　研究目标

本研究抓住目前推动建立"巩固成效、深化提质"，"巩固脱贫攻坚成果，建立解决相对贫困的长效机制"这一契机，以金融缓解相对贫困为切入点，从责任明晰、多方共治的视角，尝试建立一种在财政扶贫平稳支持的前提下，实现金融扶贫为主导的市场机制益贫性显著提升的新型扶贫治理体系。基于以上目标，本研究紧密围绕目前"摘帽不摘责任、摘帽不摘政策、摘帽不摘帮扶、摘帽不摘监管"这一国家政策要求，系统分析在既定宏观政策下金融扶贫体系对相对贫困缓解的作用路径与机制。在此基础上，按照建立"金融为主财政为辅，市场机制益贫性显著提升"的新型扶贫治理体系，提升相对贫困治理能力的逻辑框架，探究提高金融服务可获得性的发展机制、激化相对贫困人口脱贫的动力机制，以及政府政策对相对贫困缓解的引导机制等，提出构建金融相对贫困长效机制的路径和方案。

1.1.1 理论目标

以金融缓解相对贫困为切入点，探究金融发展缓解相对贫困的路径，尝试建立一种在财政扶贫平稳支持的前提下，实现市场机制益贫性显著提升的新型扶贫治理体系。

1.1.2 应用目标

（1）运用 FGT（Foster-Greer-Thorbecke）方法衡量相对贫困的深度、广度和强度，进一步完善和提高相对贫困的识别水平；（2）构建相对贫困金融治理长效机制的具体对策与建议，为相对贫困治理实践提供有价值的参考依据。

1.2 本研究的理论和实际应用价值

1.2.1 理论价值

（1）为金融业主动开展扶贫相关业务积极承担社会责任，实现社会绩效的同时实现金融企业经济绩效的可能性提供一种学理阐释；（2）尝试建立一种在财政扶贫平稳支持的前提下，实现金融扶贫为主导的市场机制益贫性显著提升的新型扶贫治理体系，是对马克思主义关于制度性反贫困、以实现共同富裕为反贫困导向的论述等理论成果的补充和进一步完善。

1.2.2 应用价值

（1）运用 FGT 方法衡量相对贫困的深度、广度和对多维贫困的测度，有助于完善和提高相对贫困的识别水平；（2）以金融缓解相对贫困为切入点，从责任明晰、多方共治的视角，探究提高金融服务可获得性的发展机制、激化相对贫困人口脱贫的动力机制以及政府政策对相对贫困缓解的引导机制，提出构建金融相对贫困长效机制的路径和方案，对相对贫困治理实践具有一定的参考价值。

1.3　研究内容

1.3.1　新发展格局下相对贫困治理面临的困境分析

从我国扶贫的历史所采用的主要有效途径（经济增长的涓滴效应、实施区域协调发展和城乡统筹发展战略的包容性增长和政府主导的专项扶贫规划等）在扶贫过程中所做出的贡献及所面临的困境出发，从而提取出在以"国内大循环为主体、国内国际双循环相互促进"新发展格局下，在相对贫困治理为主战场的今天，以市场化运作为核心的金融元素在脱贫可持续性、脱贫能力和精神贫困缓解方面的独特优势，在宏观层面捕捉脱贫可持续性的着力点。

1.3.2　金融缓解相对贫困的动力机制及其作用路径分析

探究在企业利润最大化财务目标下金融企业参与相对贫困治理的内生动力，验证"金融企业社会责任（参与扶贫）承担—企业社会责任披露—投资者认可—企业绩效改善—金融相对贫困治理参与度提升"这一传导机制的存在性，探讨相对贫困金融治理的可能路径（见图1-1）：直接作用和间接影响，并识别产业结构优化所引起的经济增长在金融元素与缓解相对贫困之间的中介效应。

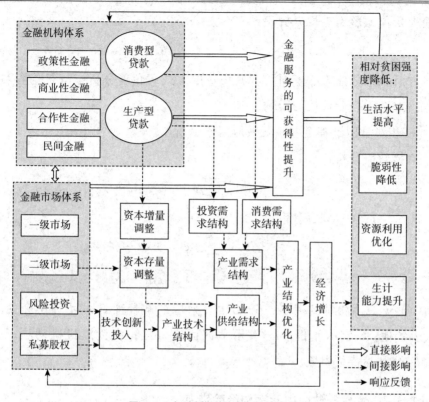

图 1-1　金融缓解相对贫困的路径

实线箭头表示直接影响；虚线箭头表示间接影响

1.3.3　金融扶贫与相对贫困治理的实证分析

1. 相对贫困的深度和强度分析

拟采用 AF 多维贫困测量方法衡量相对贫困程度，并且拟用 FGT 法衡量相对贫困的深度和广度：$\mathrm{FGT}_\alpha = \dfrac{1}{n} \sum\limits_{i=1}^{q} \left(1 - \dfrac{y_i}{z}\right)^\alpha$，其中，$z$ 表示贫困线；q 表示贫困居民；n 表示所有居民；α 是贫困厌恶系数，α 值越大则贫困的厌恶程度越高，一般取 $\alpha \geqslant 1$。当 $\alpha = 0$ 时，表示贫困发生率；当 $\alpha = 1$ 时，表示相对贫困的深度；当 $\alpha = 2$ 时，表示相对贫困的强度。

2. 金融机构缓解相对贫困对其绩效的影响分析

以金融机构为研究样本，通过 OLS 方法对金融机构参与精准扶贫对金融企业价值的影响进行分析：

$$KCXZZL = \beta_0 + \beta_1 * \ln FP + \sum \beta_n * controls + \xi$$

并且从细分业态、不同的金融扶贫的方式等角度分析金融机构参与精准扶贫对金融企业价值的影响。

3. 相对贫困治理金融减贫效应因素分析

直接效应分析：

$$pov = \alpha_0 + \alpha_1 fir + \sum \alpha_i cnt_{it} + \mu_i + \xi_{it}$$

中介（间接）效应分析：

$$M = \beta_0 + \beta_1 fir + \sum \beta_i cnt_{it} + \mu_i + \xi_{it}$$

$$pov = \delta_0 + \delta_1 fir + \delta_2 M + \sum \delta_i cnt_{it} + \mu_i + \xi_{it}$$

其中，pov 表示相对贫困率；fir 为中介效应的解释变量；M 为中介变量；i 代表各地；t 表示年份；μ_i 表示地区固定效应；ξ_{it} 为随机扰动项；a_i、β_i、δ_i 分别为待估参数。

1.3.4 金融扶贫的国际案例经验借鉴

合理吸收尤努斯格莱珉银行、孟加拉乡村银行、印度尼西亚乡村信贷部、爱尔兰贷款基金等国外农村金融反贫困模式的精髓。

1.3.5 政府扶贫政策对金融缓解相对贫困的引导作用分析

主要分析"中央—地方政府相对贫困治理引导机制"和"地方政府—金融企业相对贫困治理引导机制"中基本扶贫政策的作用效果和发生路径，同时也将地区异质性与政府廉洁程度纳入研究框架中，识别两种力量如何影响扶贫政策的实施效果及其传导路径。

1.4　拟突破的重点难点

1.4.1　重点

（1）相对贫困群体的识别及其强度评估：相对贫困不仅限于物质需要，也包含文化精神方面的需要，包含着与其他社会成员的比较，它讨论的是差距，是社会不同部分之间的不平等，如何识别及合理评估比较重要。本研究采用 FGT 方法，分析相对贫困的深度、广度和强度。

（2）金融企业社会责任框架的构建：将从经济责任、监管责任、环境责任、道德责任等方面进行讨论。

（3）金融缓解相对贫困的可能路径：将从直接影响和间接影响两方面进行分析。

（4）提出适宜度广、操作性强的相对贫困金融治理的长效机制构建建议和实现路径设计：拟在上述的五大机制方面加以分析。

1.4.2　难点

对相对贫困金融治理的长效机制构建提出建议。为较好地破解该难点，研究团队拟通过成员间学科交叉、行业交叉，对理论与实践方面的优势进行有机结合，保证成果质量。

1.5　研究思路

本研究以金融缓解相对贫困为切入点，从责任明晰、多方共治的视角，尝试建立一种在财政扶贫平稳支持的前提下，实现金融扶贫为主导的市场机制益贫性显著提升的新型扶贫治理体系。具体思路是，推动由政府、金融机构和相对贫困家庭等经济主体共同参与的相对贫困治理机制建设，建立以政府、金融市场与社会为主体的多元相对贫困治理体系，探究提高金融服务可获得性的发展机制、激化相对贫困人口脱贫的动力机制以及政府政策对相对贫困缓解的引导机制，提出构建金融相对贫困长效机制的路径和方案。

本研究遵循"文献综述—现状分析—理论框架—数据准备—实证研究—经验借鉴—对策建议"的逻辑思路进行（见图 1-2）。

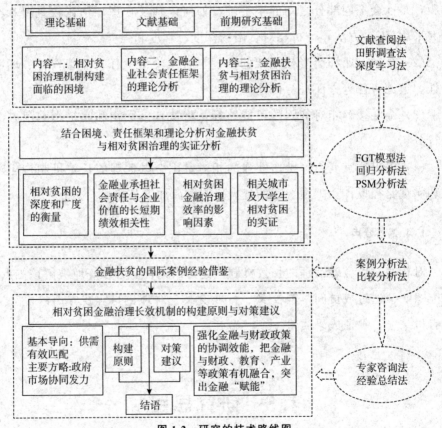

图 1-2　研究的技术路线图

1.6　研究方法

1.6.1　实地调研与深度学习相结合

通过实地调研及相关公开资料，获取实地调研资料；结合中国家庭追踪调查数据库（CFPS，China Family Panel Studies）、中国减贫研究数据库、中国建档立卡贫困户数据库等资料，找出相对风险的与金融相关的各种因子。

1.6.2　FGT 方法、回归分析方法、PSM 分析法等相结合

运用 FGT 方法衡量相对贫困的深度、广度和强度，并采用 Logistic 回归分析方法，对金融业承担社会责任与金融企业价值的长短期绩效相关性、金融治理相对贫困的直接和间接影响，以及金融治理相对贫困效率的影响因素进行实证检验。倾向得分匹配（PSM，propensity score matching）方法通过减少对函数形式设定的依赖，可以缓解函数形式错误设定所导致的内生性问题。因此本书采用 PSM 方法估计金融支持对相对贫困的缓解效应。

第 2 章 文献综述

近年来，随着福利社会的到来以及人们对美好生活的向往，理论界和实务界对贫困问题都给予了足够的关注。比如对造成贫困以及脱贫后返贫的原因以及采用什么方式脱贫及防返贫等相关问题展开了大量的研究和具体实践，本章内容主要对国内外有关贫困问题的研究与具体实践进行归纳总结，为激发相对贫困群体内生动力的政策建议提供参考依据。

2.1　国内外研究现状

2.1.1　国外相关研究现状

第一，相对贫困的提出。从已有文献来看，Malthus（1798）是较早地对贫困问题进行研究的学者，其中一个很重要的观点是认为"贫困自身是贫困的原因"。此时的贫困基本上属于绝对贫困的范畴，一直到 20 世纪 50 年代，随着经济的增长以及欧洲福利国家的建设，相对贫困才开始慢慢进入人们的视野。在 1958 年的文献里，Galbraith 从相对性的角度对贫困问题提出了自己的观点，认为"一个人是否贫困不仅取决于本人的收入，还取决于社会中其他人的收入"。此后，相对贫困问题的研究才变得慢慢丰富起来。Townsend（1979）较早地用"相对剥夺"的概念来界定相对贫困，指出贫困包含了社会排斥与社会剥夺的维度。Sen（1999）首次提出"能力贫困"概念，主张以"可行能力剥夺"来看待贫困。

第二，相对贫困的动因。相对贫困作为贫困的一种类型，与其他贫困情形的致贫原因既互相联系，又有其独特的特点。学者们归纳出致贫的一些共同原因，其中代表性的理论有"贫困恶性循环"理论（Nurkse，1953）、"低水平均衡陷阱"理论（Nelson，1956）、"临界最小努力"理论（Leibenstein，1957）和"循环累积因果关系"理论（Myrdal，1957）；但相对贫困还是有其独特的原因所在，比如 Sen（1999）用"能力贫困"来做解释，认为相对贫困的原因之一是经济主体"能力"不足而导致贫困，主张以"可行能力剥夺"来看待贫困。

第三，相对贫困的识别与衡量。相对贫困群体的识别以及相对贫困程度的衡量一直是一个比较棘手的问题，在实际操作的过程中也通常难以做出精准的判断。Sen（1976）提出"六瞄准"法来识别相对贫困人口，分别是：类别瞄准、财富瞄准、需要瞄准、区域瞄准、社区瞄准和行为道德瞄准；并且将贫困人口的贫困发生率、贫困缺口率与基尼系数结合在一起，提出了著名的 S 指数。Foster 等人（1984）则提出了一个测量相对贫困的可以分解的指数——FGT 贫困指数，该指数可以分别测量相对贫困的广度、深度以及强度，本书用的就是这个计量方法。Alkire 等（2011）在 Sen"能力贫困"理论的基础上，进一步拓展了衡量相对贫困的维度，提出了包含教育、健康、生活条件三大维度以及营养状况、受教育程度等共十个指标在内的多维贫困指数，也称为 A-F 指数。

第四，相对贫困的治理。前述相关研究的最终目的都是为了更好地解决相对贫困。由于早期绝对贫困问题是社会的主要矛盾，对贫困的治理是从早期注重物质贫困的研究逐渐向关注能力贫困、权利贫困等领域转移的（Sen，1982）。因为"贫穷陷阱"的存在，Sachs 等（2005）认为对于贫困的治理，通过外来援助效果更为显著，对脱贫作用重大，因此脱贫可以主要依靠外来援助；而 Easterly（2001）、Moyo（2009）等认为不存在所谓的"贫穷陷阱"，对外来援助持悲观态度，强调脱贫更应该自力更生。Sen（1999）认为金融反贫困就是属于自力更生的扶贫方式，是一种可行的模式。Bruhn 等（2014）、Shimeles 等（2006）、Navick（2020）等的相关研究表明，金融可获得性是影响贫困的一种很重要的因素，提高低收入群体的金融可得性有助于反贫困。尤努斯博士所倡导的小额信贷被证明是一种非常有效的扶贫方式（Banerjee Duflo，2018）。以小额扶贫信贷为例，国外学者普遍认同小额扶贫信贷作为金融扶贫的具体形式，对扩大贫困地区的金融服务范围、缓解信贷约束，以及提高贫困人群的资金可获得性具有重要意义。此外，还可以通过推广信贷准入制度、引入金融风险相关管理技术、建立政府监管机构等调整农村金融市场的运行机制。在金融治理发展的早期，就有巴基斯坦学者发现信贷工具能够通过投融资来促进农业、工业的发展（Qureshi，1992）。在 20 世纪 90 年代末，随着金融扶贫的深入发展，有许多学者认为之所以非正规的、本地的金融机构能够为贫困群体提供储存、贷款、保险等服务，是因为正规金融机构的高交易成本（Manfred et al.，1998）。2005 年后，各国将小额信贷纳入了普惠金融体系中，致力于帮助贫困群体公平地获得享受金融服务。但由于贫困群体的自身条件不足以吸引金融机构对其发放小额信贷，所以一般能够获得信贷资金的是条件稍好的中层农民（Matovu，2006）。也有学者认为，虽然贫困群体获得的资金较少，但小额扶贫信贷对于贫困地区的生活水平有所改善（Brune，2009）。

这些研究提升了人们对相对贫困的认知，对其产生的原因、测度以及治理等提供了良好的借鉴与启示，但都没有考虑到区域国别的异质性影响，其治理措施也不能完全采取拿来主义。

2.1.2 国内研究现状

第一，相对贫困的提出。中国的减贫事业取得显著成就，至 2020 年，在现行标准下我国农村人口全部脱贫，832 个贫困县全部摘掉贫困帽，中国的减贫事业取得了举世瞩目的成就，创造了人类史上的伟大奇迹，但这种贫困主要是针对绝对贫困（汪三贵 等，2020），在国家政策文件里，2019 年 10 月 31 日，党的十九届四中全会首次在国家的政府文件里提出"相对贫困"。而在学界对相对贫困问题的研究，主要从我国解决温饱阶段（1986—2000 年）时期开始慢慢兴起，其研究可以说是随着人们生活水平的变化而变化着，学者们将因经济收入的相互差距而导致的贫困称为相对贫困（康晓光，1995；佟新，2000；胡鞍钢 等，2001）。

第二，关于致贫原因。我国的贫困人群特别是处于绝对贫困状态的人群主要集中在老少边穷地区，这些地区的共同的特征是生活环境闭塞、交通不便、基础设施欠缺等，这是导致贫穷的重要原因（陈全功 等，2009；金鑫，2015）。因此，造成相对贫困现象的原因是多种因素重叠在一起的。有客观因素和主观因素，经济因素和非经济因素等，包含了地理位置、教育资源、医疗设施、基础设备、人们的意愿等方面。所以相对贫困的产生不单是某一种因素造成的，导致其产生的原因复杂多样。同时，经济增长的益贫性效果不断减弱也是一个关键因素（汪三贵 等，2012）；张春艳（2012）指出，由于自然灾害等导致的返贫，其造成的伤害比单纯的贫困给经济社会所带来的破坏性更大。王国敏等（2021）认为相对贫困存在着发展性和脆弱性的特征，认为相对贫困人口的发展性受到阻碍，最突出的表现是资本发展的不充分。其次是生态的脆弱性，人类不合理的活动会破坏生态的平衡性，致使生态环境恶劣。章文光（2019）认为收入不及预期是返贫的主要原因，自然灾害、意外事故、重大疾病、产业经营亏损以及就业不稳定是返贫的风险点。李武装等（2020）通过挖掘后扶贫时代相对贫困问题的产生缘由，指出我国的基本国情、相对贫困自身的复杂性、长期性特点，以及区域性发展的不平衡性，是造成相对贫困生成的重要因素之一。最后是不会利用金融等经济杠杆进行主动脱贫。叶荣茂（2018）通过调查问卷分析出，河源县城实际产生的通过正规途径的金融借贷行为比较少，但是对于金融借贷的需求是较大的，申请借贷的发生率也比较低。在县城，金融知识普及率到目前为止仍然不是很高，大部分的农村人民的金融素养相对较低，对金融借贷的一些相关意识比较淡薄。农村人民的借贷主要都是非生产性用途如建房、医疗、婚丧嫁娶等，且通常为非正规金融借贷，主要来源于周围亲戚或者是朋友同事。由此可以看出目前河源市处于相对贫困的人们有较大部分仍然属于金融意识比较差的阶段，用于生产或者投资的借贷较少。

第三，关于贫困的识别与衡量。国外相对贫困的识别和衡量方法给我国学者提供了很好的借鉴素材，有些学者根据我国实际，结合相关指数，提出了一些新的计量指数。陆康强（2007）在评价 S 指数、SST 指数和 FGT 指数的基础上，提出一个新的综合贫困度量——R 指数。李小云等人（2005）提出了参与式贫困指数的开发和验证以及计算方法。周力等（2021）根据 CFPS 数据提出，可以用"等效家庭规模"加权的家庭人均纯收入低于全国中位数的 40％ 这一标准来界定相对贫困。杨香军（2021）以欧盟为标准，将低于人均收入的 60％ 的人口视作相对贫困人口。还有部分学者则是以区域为界来探讨相对贫困标准线。孙久文等（2019）认为我国相对贫困线应该按区域来划分，沿海地带的收入差距较大，所以根据沿海地带居民收入水平来设定相对贫困线，并且要定期进行调整，非沿海地带则将绝对贫困线相对化。

第四，关于缓解相对贫困的对策措施。在财政脱贫和金融脱贫两种主导模式中，目前我国的脱贫主要还是以财政脱贫为主（马光荣 等，2016；卢盛峰 等，2018）。在治理相对贫困上，"金融扶贫"对缓解相对贫困起到了一定的积极作用。任缙（2019）在研究绿色金融与脱贫的内在联系时，提出三大联系因素：一是绿色金融本身的内涵联系，构建一种能够助力于可持续发展的金融系统是绿色金融的一个侧重点，通过金融系统的目标来设定一个融资模式，有效地处理环境风险，且对资本高效分配，稳定和增长整个宏观经济。二是政策目标的影响因素，绿色金融的政策目标是在保护生态环境的前提下，支持可持续的坚固的实体经济发展。三是服务范畴的联系，绿色金融的服务范围很广，包括促进绿色产业的发展以及改造传统产业两大层次。根据这三大联系进一步说明了绿色金融对缓解相对贫困具有一定的影响作用，带动绿色产业的发展。

万君等（2021）指出，绿色农业和旅游扶贫为绿色产业主要存在模式，绿色减贫构建了生态旅游、光伏扶贫以及绿色农业等一系列减贫模式，这些政策措施的实施，使我国在绿色减贫方面不断改进，取得了不错的成绩。同时，贫困地区产业在新型产业的发展下得到不错的融合，在一定程度上突破了"先破坏后恢复""先污染后治理"的传统发展观念。其中，"光伏扶贫"解决了当地融资困难的问题（王法，2018）。向羽（2021）以云南、贵州、四川这三省的市州为主要研究对象，探究"旅游发展"的作用，通过数据分析得出以下结论：旅游发展带动经济增长，进而促进贫困减缓。同时，乡村生态旅游是促进乡村地区经济发展的一个重要产业，为建设美丽乡村提供了有力的保障（毛爱花，2022）。并且，孙宇翔（2019）指出，绿色金融为精准扶贫带来保障的同时，既能助兴乡镇产业的发展，也能创造更美好的农村风貌，也进一步为实现乡村振兴战略目标提供了大力支持。高巍等（2022）提出在精准扶贫的大环境之下，数字化普惠金融模式成了缓解相对贫困的一种新的模式，大数据、云端计算、人工智能等技术，在很大程度上也许能够成为缓解相对贫困的一大利器，做到在缓解相对贫困的同时提高效率、精准实施，得到一个更好的扶贫效果。从这一观点可以看出，想要普惠金融更加有效地帮助河源市的相对贫困缓解，就需要在普惠金融的基础上融合数字化的模式，从而提升普惠金融在相对贫困缓解中的效果。

詹智俊等（2022）认为社会资本可以通过提升农民工的自我效能感，来缓解其相对贫困。因此，通过发挥社会资本的力量，大力发展针对相对贫困的脆弱性和长期性，为保障经济的可持续发展，我们必须把生态环境搞好，通过提高教育水平、人们对自然的保护意识等等措施，进一步来提高相对贫困人口的可持续发展能力。潘兵等（2021）认为当农村的环境得到改善时，外来的资源才会被吸引进来，贫困地区学生能力的提高，能够带动乡村建设，实现乡村振兴。万君等（2021）指出，绿色农业和旅游扶贫为绿色产业主要存在模式，绿色减贫构建了生态旅游、光伏扶贫以及绿色农业等一系列减贫模式。

国内相关研究近年来才刚刚起步，大部分的研究对象是绝对贫困，对相对贫困的关注近两年来才逐渐兴起，有关扶贫和防返贫的研究成果以及一些地区的先进经验对于我国深入开展脱贫攻坚、防止返贫问题的发生具有重要意义。但已有研究涉及金融扶贫问题的研究是占大多数的，而对返贫问题，尤其是金融助推防返贫的关注比较少，因此还有极大的研究提升空间。

2.2 研究述评

整体来看，相对贫困的研究内容比较丰富，但也存在着一些不足。一是相对贫困的衡量标准需进一步完善。收入贫困不能作为贫困的单一标准，应该用更广泛的内涵来界定，需要在多维减贫理念、生计分析框架、多元主体参与及反贫困实践评价等关键领域加以强化。二是脱贫机制更多的在财政这一面，对社会责任下的金融脱贫研究不够，特别是缺乏相对贫困治理对策的金融视角研究。与绝对贫困不同的是，相对贫困一般是指个人或家庭所拥有的资源虽然可以保证其基本生活需求，但其生活状况相对较差或者是达不到在当地条件下所认为的生活需求的状态。

目前，我国的现实要求至少有以下转变：从消除绝对贫困向缓解相对贫困转变、从单一的收入脱贫向多维度的能力提升转变，以及从城乡分割向城乡一体转变等。党的十九届五中全会发布的《国民经济和社会发展第十四个五年规划和 2035 年远景目标纲要》提出要"实现巩固拓展脱贫攻坚成果同乡村振兴有效衔接"，强调"严格落实'摘帽不摘责任、摘帽不摘政策、摘帽不摘帮扶、摘帽不摘监管'要求"，再度提出要"建立健全巩固拓展脱贫攻坚成果长效机制"。而长效机制的构建只有基于市场化的方式才可以持续，因此，在今后的相对贫困治理中，金融机制应该得到更大程度的重视。

在高度强调社会责任的今天，以金融手段加快反贫困进程已经成为共识。与传统的财政资金扶贫不同，金融扶贫除了提供资金支持外，主要是通过帮助贫困户树立经营、市场以及责任意识，转变"等靠要"思想，将金融与产业、财政、扶贫政策等无缝对接，带动经济资源向目标产业集中，把政府、市场、家庭的各方优势和利益综合起来，形成有效的贫困治理机制。促进包容性发展和共享发展，使发展成果更多、更公平，惠及全体人民。

本研究抓住目前推动建立"巩固成效、深化提质""巩固脱贫攻坚成果，建立解决相对贫困的长效机制"这一契机，以金融缓解相对贫困为切入点，从责任明晰、多方共治的视角，尝试建立一种在财政扶贫平稳支持的前提下，实现市场机制益贫性显著提升的新型扶贫治理体系，提升扶贫治理能力。

第3章 金融支持与相对贫困缓解的理论分析

2020 年我国的扶贫工作取得了举世瞩目的成就，中国历史上首次摆脱了绝对贫困。然而，扶贫开发工作越是深入难度越大，主要在于绝对贫困之后的相对贫困以及成功脱贫之后可能的返贫问题。绝对贫困需要解决的是贫困人口的基本生活保障问题，包括如何使农民家庭年人均纯收入达到国家现行扶贫标准、不愁吃不愁穿，保障农民的义务教育、基本医疗和住房安全。我国解决绝对贫困的方式主要是通过政府资金投入为主、各级政府主动介入的形式，精准扶贫、精准施策，成就显著。在相对贫困的大背景下，再沿用此前的方式对相对贫困地区进行财政输出并不利于形成精准、有效的供给，也不能从根本上解决返贫问题，最根本的问题是这样很难在相对贫困地区和相对贫困群体中产生持久的解决相对贫困及返贫的内生动力，反而有可能孕育更多的"等靠要"思想。

相对贫困的解决以及保证脱贫之后不返贫的根本解决办法在于激发相对贫困群体的内生动力。金融具有较强的流动性、韧性，能够为返贫户提供发展资金和降低风险，无疑是解决返贫问题的强有力工具。相对贫困缓解与金融防返贫不是一朝一夕的事情，需要持续不断、因地制宜地提供金融服务，注重金融机构、政府与被扶贫对象的共同协作。本章内容首先介绍了相对贫困研究的相关理论基础，相对贫困形成的影响因素，相对贫困金融治理的特征、难点，以及金融在防返贫和相对贫困治理中的作用等相关问题。

3.1　相对贫困研究的相关理论基础

1798 年，英国经济学家和人口学家马尔萨斯（Malthus）在其著作《人口原理》里提出"人口剩余致贫论"，认为人口增长的速度明显快于物质生活资料的增长速度，结果导致人口过剩，并由于过剩的人口寻求稀缺的物质生活方式而导致贫困。该理论与当前相对贫困的形成异曲同工，人口基数与生活资料的不匹配使人们产生比较后的落差感，造就了相对贫困的产生。接下来的"贫困恶性循环理论""低水平均衡陷阱理论""循环累积因果关系论"和"临界最小努力理论"等都主张经济的增长会带动资本的积累，增加居民的收入，从而可以缓解贫困。著名经济学家阿玛蒂亚·森（Sen）的"可行能力理论"指出，相对贫困主要是由群体收入以及权力等的分配不平等引起的，且其影响因素之间存在相互转化的可能性以及共通性，慢慢地，相对贫困会发展成一种复杂的经济现象和社会现象的综合体。

1979 年，Townsend（1979）在其著作中首次提出相对贫困。他认为相对贫困是贫困群体由于长期缺失资源而导致贫困，进而长期处于贫困状态。相对贫困的出现，使得人们对待贫困问题更加全面、更加深入，人们逐渐认识到导致贫困的原因不再仅限于食物等基本生存要素，还包括收入分配、社会资源等经济要素。Townsend 提出了相对收入标准和贫困剥夺标准。相对收入标准是指将家庭以规模的大小为标准进行分类，在同一类型的家庭规模中进行贫困测量，并以同一类型家庭中位收入的 50% 或者 80% 作为相对贫困的收入标准。不难看出，收入是 Townsend 衡量相对贫困的标准，对特定时期、特定区域以特定的规模进行界定，按同一类型的家庭中位收入的 50% 或 80% 作为贫困线，这有利于将潜在贫困群众纳入社会救济范围，从总体上满足贫困群体的基本生存需要，改善贫困群体的生活，促进社会公平和稳定，创建美好社会。Townsend 的相对收入标准是测量贫困群体的规模，而贫困剥夺标准则是测量贫困群体的贫困程度、社会剥夺程度。Townsend 指出，当一个家庭收入不足以支撑其参加社会活动的消费时，家庭成员便会开始减少参加社会活动的次数，最后他总结出，社会成员是否处于贫困状态与其参与社会文化活动、风俗活动、传统活动等紧密相关，因此，不同家庭退出参与社会活动的收入水平就可以界定为相对贫困线。

早在 19 世纪 60 年代，马克思、恩格斯的政治经济学分析中就论及相对贫困的问题。马克思揭示了人与人之间相比较的意愿上的贫困，资本主义创造出一种异己的力量，劳动本身越是客观化，劳动创造的价值越是与劳动本身分离，劳动者相对于资本家越是处于相对贫困的状态。人们发现，资本主义的发展和丰裕社会的到来，并没有使人类社会彻底摆脱贫困。马克思和恩格斯在对无产阶级贫困根源的深入了解的基础上，指明了解决贫困问题的方向，认为人们应推翻资产阶级的私有制度，创立社会主义制度，通过不断提高生产力和生产效率，进而实现共产主义，这有利于贫困问题的解决，且有利于促进人们实现共同富裕。

此外，"贫困恶性循环理论""低水平均衡陷阱理论""循环累积因果关系论"和"临界最小努力理论"等都主张经济的增长会带动资本的积累，增加居民的收入，从而可以缓解贫困。

3.2　相对贫困的基本特征

从与绝对贫困相比的角度来看，相对贫困是指在特定的社会生产方式和生活方式下，自己的收入能够使衣食住行得到最基本的保障和维持，但无法进一步满足在当地条件下被认为是最基本的其他生活需求的状态。衡量标准是一家人的总收入和人均消费，如果一个家庭的收入低于日常生活成本，那么他们就是贫困群体的一部分。在《1981 年世界发展报告》中世界银行指出："当某些人、某些家庭或某些群体没有足够的资源来获得食物、生活条件、设施和参与社区普遍接受的某些活动的机会时，就会出现贫困。①"相对贫困的特征如下。

3.2.1　相对性

相对贫困是基于比较的概念，判断个人或者家庭是否贫穷，应与同一社会经济环境中的其他社会成员进行比较。相对贫困的相对性主要体现在主观与客观、时间与空间、流动性与不稳定性等方面。

3.2.1　主观性

相对贫困是对社会的一种主观评价，实际上是对大部分社会生活水平较低的人群的某种肯定。目前世界各国对相对贫困还没有一个明确的判断依据，其贫困感包含了很多个人的主观因素，既有个体基于与周围人的比较等而主观上产生的相对贫困感，也有研究人员的主观判断。

3.2.3　长期性

相对贫困的比较基础是社会的平均收入，每个社会时期，都必然会存在无法达到平均收入标准的群体，这表明相对贫困将是长期存在的，并不能随着时代的更迭而得到消除，即相对贫困将是长期存在于社会中的，因为它是由不平等的情况引起的。

3.2.4　动态性

当经济发展带动社会整体收入水平的上升时，作为相对贫困比较基准的社会平均收入也会随之提高，即相对贫困标准并不是一成不变的，而是会随着社会经济情况的变化而不断处于发展变化的过程中，具有动态性，即随着人们生活方式的变化以及社会的发展，相对贫困的判断标准会发生变化。

---

① 《1981 年世界发展报告》，中国财政经济出版社，1983 (12).

3.2.5 多维性

以社会平均收入作为相对贫困的衡量标准是大多数国家采取的方法，但是，随着人们生活环境的持续改善，人们已不仅仅追求物质上面的满足，精神追求逐渐被大众重视。对于相对贫困的衡量已拓展至由于社会相对剥夺等困境导致的教育、卫生及住房等的社会排斥现象，存在明显的多维性。

可见，与绝对贫困更侧重于生理方面的需求相比，相对贫困更侧重的是在同一时空与别人的比较，但生理需求也许是已经得到了满足的。绝对贫困考虑了收入水平，而在定义相对贫困时并没有考虑收入水平。有些人群可能收入可观，但是与周围环境中的人相比，就仍然处于相对贫困的模型之中。相对贫困的水准会根据每个国家自身的发展而不同，但是根据世界银行给出的指标，任何生活花费在 1.90 美元/天以下的个人都处于绝对贫困中。因此，处于相对贫困的人们的生活质量会比处于绝对贫困的人们的生活质量要高，处于绝对贫困的人们没有办法保障日常生活的必需品，生活条件比较恶劣。目前，绝对贫困是可以改变的，所以各国的机构和政府都有制定相关的措施和政策来消除绝对贫困。但是由于相对贫困是从比较中得出的，所以很难改变，减轻相对贫困的措施较少，只能尽力地平衡人们在社会中的收入地位。

3.3 相对贫困形成的影响因素

影响相对贫困形成的因素包括内部因素和外部因素。其中，内部因素主要包括人力资本和自我发展动力，外部因素主要包括社会资本、自然环境和制度。

3.3.1　内部因素

（1）人力资本。人力资本是作用于劳动力身上的资本，在研究相对贫困问题时，主要体现在个体受教育程度、健康状况以及个人技能上。首先，在个体受教育程度方面，教育水平的提高可以改善劳动生产能力，从而加快劳动力资本的积累，对于相对贫困的缓解起促进作用。其次，在健康状况方面，健康状况会直接影响收入，良好的健康状况是获得收入的前提，无论是对于贫困群体还是非贫困群体而言，健康可以提高个人生产力，增加个人效用水平，增加收入。健康状况正是通过对收入的影响间接影响相对贫困状况，即健康状况越好，收入越高，相对贫困发生的概率就越低。最后，在个人技能方面，随着现代经济结构变化步伐的不断加快，社会上需要越来越多的高技能人才与快速发展的经济下衍生出来的新设备相互匹配，高技能人才市场随之不断扩大。技术能力较低的劳动力会逐渐与新兴产业结构不匹配而被社会所排斥，这部分低技能劳动力因此很可能会发展成为相对贫困群体。

（2）自我发展动力。相对贫困的形成涉及人们的主观判断，是基于与其他人的比较而产生的心理上的认知。比较后产生的巨大心理落差以及心理上的不平衡、不公平感会影响贫困主体的自我发展动力，削弱其自我发展程度，减弱其参与脱贫的积极性以及主动性。

3.3.2　外部因素

（1）社会资本。社会资本是个体或者团体处于社会结构中所能够获得的资源，它以非市场力量的身份通过促进就业，有效增加居民收入，从而影响相对贫困状态。首先，社会资本受市场化程度的影响，当市场化程度提高时，家庭层面的社会资本对于减少相对贫困发生概率的作用会增强。其次，社会个体单独的收入也会通过影响社会资本对相对贫困的发生产生影响，会随着收入的增加而削减其作用。最后，社会资本对于相对贫困缓解发挥的作用强弱与个体贫困程度密切相关，表现为对贫困程度高的群体作用更加显著。

（2）自然环境。以农村为例，当村庄分布在自然条件差、资源匮乏的地区时，农民的生产、生活条件相应较差，获得生计资本的机会更加有限，相对贫困问题往往更加突出。

（3）制度。首先，相对贫困的形成与社会收入分配不公、社会转型过程中社会群体生活改善不均，以及社会公共服务供给不足密切相关，这是由国家制度决定的。制度在不同地区发挥的不同作用会影响不同社会群体之间的收入差距，从而直接影响相对贫困状况。特别是一些比较发达的城市与相对贫穷的乡村之间，由于自身环境的差异，制度对其的加持作用也有所不同，收入差异因此不断加大。结合如今学者对于相对贫困发展的研究，不难发现，如今相对贫困的发展，存在城乡之间相对贫困程度不断加大的特点。其次，制度与教育等人力资本存在一定的联动性，在既定的社会情势下，教育等人力资本的差异也会造成社会成员之间由于比较而产生心理落差感，从而产生相对贫困。

3.4 相对贫困金融治理的特征

相对贫困与绝对贫困是贫困问题的两种表现形式，两者的本质是一致的，都属于贫困问题，但两者在内涵、特征以及治理难点等方面还存在着明显的区别。绝对贫困一般是指个人或者家庭所拥有的资源难以维持最低生活需求，甚至连基本生存都受到威胁，比如吃、穿、住等基本生活条件处于贫乏状态；而相对贫困一般是指个人或家庭所拥有的资源虽然可以保证其基本生活需求，但其生活状况相对他人而言较差或者是达不到在当地条件下所认为的一般生活需求的状态。因此，与绝对贫困更强调物质匮乏相比，相对贫困是对既定同类参照对象而言的相对收入的"贫"和相对能力的"困"（郭晓鸣 等，2020），它更多地强调一种包含收入稳定性低、缺乏发言权、社会排斥度高等在内的所引起的"相对剥夺感"，带有一定程度的主观性、隐蔽性、相对性和长期性等特点。

由于这些差异的存在，此前的"输血式、外延式、被动式扶贫"等带有国家关怀和福利性质的绝对贫困治理方式，在相对贫困治理中并不一定合适，有必要根据其"长期性"等特点转向常态化治理。由于相对贫困问题的关键是收入相对"贫"和能力相对"困"，需要解决的是通过治理长效机制的构建，激发相对贫困群体的内生动力，从而解决相对贫困群体的发展问题。因此，在面对相对贫困的治理上，有必要在延续财政扶贫及其相关政策的基础上，突出以市场化为导向的金融扶贫相关机制的构建，达到形成"造血式、内生式、主动式扶贫"等相对贫困治理方式的目的。本书认为，这种相对贫困金融治理模式与此前的绝对贫困治理模式有以下三个差异性的特征。

3.4.1　"政府引导＋金融主导"的金融机构主体性

在 2020 年我国消除绝对贫困之前，所确定的目标是消除低收入所导致的居民由于营养、住所、健康、教育等欠缺从而引起生存受到威胁的生活状态，治理的是基于生命权的基本生活保障等社会兜底扶贫，往往带有公共物品的性质，"政府在整个过程中扮演着关键和核心的角色"（顾海英，2020）。

这实际上涉及到金融扶贫与财政扶贫的差异。财政扶贫和金融扶贫作为精准扶贫阶段的两大重要手段，在我国减贫事业中发挥着重要作用。财政扶贫是外力手段，主要通过政府主导给予财政补贴、加强基础设施建设等方式对贫困家庭进行无偿援助，使贫困家庭脱贫；金融扶贫则是依赖市场的内部手段，即借助金融手段发挥贫困农户自身的"造血功能"，通过内生脱贫促进农业产业发展，使贫困农户脱贫致富。申云等（2020）把2014—2017 年全国 22 个贫困省市的统计数据作为基础数据，采用多维DEA-Malmquist 指数模型对财政扶贫和金融扶贫的减贫效率进行比较分析。结果显示，在 2014—2017 年，中国 22 个贫困省在财政扶贫方面的平均综合技术效率值为 0.668，在金融扶贫方面的平均综合技术效率值为0.732，金融扶贫综合效率总体是稍高于财政扶贫效率的。通过模型结果，还发现规模效率对金融扶贫和财政扶贫都会产生影响，而财政扶贫还受到纯技术效率的影响；财政扶贫和金融扶贫绩效是相互关联的，财政扶贫效率低的省市往往其金融扶贫效率也较低。

金融机构本质上是以盈利为目标的企业，在绝对贫困治理实践中，"只负责金融产品和相关金融计划的制定，并不占有主导地位"（禹鸿原，2018）。即在绝对贫困治理中，政府处于主体性地位，但在相对贫困时代治理的到来，为金融机构走向前台成为扶贫主导地位提供了可能：一是金融机构作为以利润最大化为目标的经济主体，它需要从自己的行为里获得相应的回报，扶持相对贫困群体类似"放水养鱼"，对金融机构并非没有好处；二是作为市场中合格合法的经济主体，有履行一定社会责任的必要。这两者就使得金融机构参与相对贫困治理并呈现出不同于以往扶贫模式的可能。相对贫困金融治理强调的是金融机构的主体作用，通过充分发挥传统金融模式，创新新兴金融模式比如数字金融、互联网金融等，创新扶贫金融产品，如小额信贷、集体无抵押贷款、短期融资债券、农业保险、大病保险、经济合作基金等，向相对贫困地区和人口提供信贷资金和储蓄、证券融资、保险等金融服务支持，和政府一起开启"财政与金融扶贫协同机制"（谭景平，2020），使金融机构直接或间接性地参与到扶贫工作中，促进相对贫困地区的可持续性发展，帮助相对贫困群体提升其金融可获得性，提升其自我发展能力。

3.4.2 相对贫困治理的资源配置市场导向性

在绝对贫困解决以后，总会有因为完全没有劳动能力而再次掉入贫困陷阱的人群，正常情况下这部分人群占比很小，主要由财政扶贫通过福利性的资金补贴和政府转移等方式，满足其"作为一个合法公民应该获得的基本生存权利"（禹鸿原，2018）。而以金融机构为主导的金融扶贫对象是具有劳动能力但是相对较为贫困的人群，对扶贫对象的发展提供支援，即满足其生产性金融需求，更多的是通过降低相对贫困群体进入金融市场获取金融资源的限制要求，以市场为导向配置资源，强调获取金融资源的成本和付出金融资源应该得到的基本收益，即兼顾盈利性与社会性，帮助相对贫困群体从根本上摆脱相对贫困状态。因此，在这种治理模式下，资源配置具备市场导向性，与财政补贴等资源配置方式有显著的差别。

3.4.3　相对贫困治理资金良性循环下的可持续性

在以解决贫困群体基本生存问题为核心的绝对贫困治理阶段，在党中央的坚强领导下，通过大规模外部扶贫资源比如资金、物质、人力等的密集投放和精准施策，取得举世瞩目的巨大成效。但这种从外部介入的政策性帮扶容易导致贫困群体的福利依赖倾向，使其发展动力不足，容易产生负外部性，使得扶贫的可持续性和效果大受影响。以承担相应社会责任为前提的以盈利为目标的金融企业的相对贫困治理主体，在资源配置市场导向性的约束下，只能通过强化内生性激励，重点突破相对贫困群体发展能力不足的瓶颈，将其能力建设作为相对贫困治理的核心，通过其所拥有的金融资源提升相对贫困人口的生产技术能力、经营能力、合作能力和管理能力。这种情况下，一方面，可以激活相对贫困群体内部性生产资源，满足他们的生产性资金需求，改善相对贫困人口的生计资本质量和生计转换能力，稳定提高基于家庭经营空间的收入水平。另一方面，这些能力的提升"可实现相对贫困群体农业外部就业和创业，稳定提高工资性收入和投资性收入"（郭晓鸣 等，2020）。整体上看，贫困群体的发展能力提升必将促进收入稳定增长，这也将实现信贷资金循环使用和持续盈利，并促进金融扶贫体系的良性循环和健康发展。

3.5　相对贫困金融治理的难点

3.5.1　相对贫困的标准确定难

在 2020 年我国消除绝对贫困之前，所确定的目标是消除由于低收入所导致的居民由于营养、住所、健康、教育等欠缺从而引起生存受到威胁的生活状态，分别采用以食物支出和非食物支出分开确定贫困线的恩格尔系数法，以每人每天 2 100 大卡热量为必要摄入量确定贫困线的马丁法，按"有吃、有穿"基本温饱标准的贫困线，以及不愁吃、不愁穿、保障义务教育、保障基本医疗、保障住房即"两不愁、三保障"确定的贫困线，形成了以财政扶贫为主，金融扶贫等其他扶贫方式为辅的极具中国特色的全方位脱贫攻坚模式，取得了举世瞩目的成就。相对贫困作为一种社会现象，由于包含经济等客观因素及内心感受如相对剥夺感等主观因素的存在，在实践中表现形式多样，具体情况千差万别，相对贫困的标准很难完全用统一的尺度去度量。因此，到目前为止，国际上还没有形成能够得到公认的统一的相对贫困标准，收入指标依然是衡量相对贫困标准最重要的要素。比如欧盟、部分经合组织国家和美国等地区和国家所采用的相对贫困线标准依次是社会人均可支配收入中位数的 60%、50% 和 40%。当然，仅仅用经济收入指标来衡量相对贫困，实际上与相对贫困的本质是有差距的，多维贫困指数才符合其本质要求。比如 2010 年联合国开发计划署发布的多维贫困指数，这个指数把健康、教育、生活水平等都包含在内，是比较符合相对贫困本质的，但其缺陷是在实际操作过程中难度很大。考虑到我国城乡、区域之间的巨大差异，以及相对贫困发展的动态性，导致相对贫困的标准确定是个难题，但它的解决却是相对贫困良好治理的前提。

3.5.2　由多维贫困所导致的相对贫困人口识别难

相对贫困人口识别难的根本原因在于相对贫困的多维性。事实上，一个家庭相对贫困状况的影响因素除了主要的经济状况外，其他的比如家庭个人层面的户主特征、家庭层面的人口规模与结构、社会层面的社会关系及户籍制度，以及政府层面的捐赠等因素对长期多维贫困的发生率也有着显著影响，除了这些可以衡量的指标外，甚至还包括由于在各方面所处劣势地位所形成的"被剥夺感"等主观因素。"隐蔽性强"特点的存在，更增加了相对贫困人口的识别难度，比如生活在城市中的作为"外来人口"的进城务工人员，人员数量庞大却又容易游离于当地监管之外，非常容易陷入健康、福利以及社会融入等方面的相对剥夺状态。因此，相对贫困发生率是多因素综合的结果，但在实际衡量并采取治理措施时，又存在难以精准施策的问题。很显然，单一维度下的收入指标在精准识别贫困群体时都存在一定的难度，更何况是多种因素综合作用下的相对贫困人口的识别。

3.5.3　金融扶贫体系的盈利性与公益性有效结合难

金融扶贫体系的金融服务提供主体一般包括：正规金融机构比如政策性银行、商业银行等，非正规金融机构比如民间借贷机构、小额贷款公司等，以及处于这两者之间的合作性、公益性金融机构等各类组织。这里面的金融机构有盈利性与公益性的禀赋差异，但面对扶贫对象，这两者很难有效结合：盈利性的金融机构从降低风险角度出发，往往会要求被服务对象提供有效抵押物，这对贫困户而言本身就是矛盾的，因而享受不到相应的正规金融服务。有研究表明，"农村贫困地区仍有 1/3 左右的人通过民间借贷来满足自己的金融需求，从侧面反映出贫困户从正规金融机构获得的金融服务满足不了相应的需求，即存在金融排斥问题"（张琦 等，2020）。因此，在金融扶贫领域特别是在绝对贫困治理领域，由于机制体制等主客观原因，商业银行、农信社、非营利性金融机构等都不同程度地对贫困群体产生金融排斥问题。①商业银行等盈利性金融机构参与程度不够深入。②农信社纷纷改制为盈利性的农商行，变成与商业银行同样的情形。③合作金融、非营利性金融貌似在金融扶贫方面具有更大的优势，但其发展不容乐观：一是机构因为不盈利可持续问题受到影响，因而很难做出更大的贡献；二是因为不盈利结果是机构难以做大做强，大多呈现出"业务金额小、业务笔数多、客户成员杂"的面貌，监管力量相对不足，也难以形成有效监管，影响到扶贫效果。

3.5.4　相对贫困人口经济内卷化现象使得金融减贫效应实现难

相对贫困问题的缓解，提升相对贫困人口的自我发展能力是根本。在我国精准扶贫精准脱贫基本方略下，通过强化外部支持，取得了绝对贫困得以消除的积极成效。但这种外力施加被动脱贫而非内力支持主动脱贫的模式容易导致负的外部性问题：不少贫困群众在摆脱绝对贫困后，由于致力于同类劳动的贫困户在相当长时间内处于自我麻痹状态，尤其一些贫困户满足于暂时吃饱，再加上受自然资源和技术条件等限制，存在"等资金""等服务""等指导"的问题，"不会主动去发现和探索金融服务价值"（张琦 等，2020），减弱了其发展的动力和志向，又成为相对贫困群体成员。这种没有发展、没有内生动力支撑的增长模式将会不断自我固化着相对贫困群体内卷化路径，"难以实现金融减贫效应"（李欣航 等，2020）。

3.6 金融在防返贫和相对贫困治理中的作用

金融在防返贫和相对贫困治理中的作用来源于内生金融发展理论。内生金融发展理论兴起于 20 世纪 80 年代，该理论认为金融体系是经济活动中的有效中介，不仅可以收集闲散资金，储蓄动机和转化效率也能得到提高，还可以作为资源配置的重要手段，分散和转移经济发展中的社会风险，同时实体经济的流动性风险可以得到有效降低，这样就能更加有效地配置和高效地利用资源。根据内生金融发展理论，农村金融可以通过促进农户储蓄、增加资本投资和优化资源配置等路径，促进农村经济的增长。

巩固扶贫成果的过程中存在的一个困难点是相对贫困人口可行能力不足的问题，而缺乏自身经济条件、社会机会、透明性保证、防护性保障等工具性自由等都成了制约相对贫困人口可行能力发展的主要障碍。金融扶贫可通过建设扶贫产业、公益项目、金融基础设施等方面和利用金融技术精准扶贫，使得相对贫困者的工具性自由得到保障，提高相对贫困居民的可行能力，能更好地实现高效稳定的脱贫。为了巩固金融扶贫的现有成果，进一步完善金融扶贫机制，必须充分发挥金融机构的作用，带动金融机构参与扶贫产业建设、公益项目建设、扶贫信贷体系建设、金融基础设施建设，以及金融一站式综合服务平台等方面的建设，进而消除相对贫困居民的可行经济能力贫困，从而建立稳定的长效脱贫机制。

金融要素主要通过直接和间接两种方式对相对贫困缓解产生影响。直接作用主要体现在通过各种金融形式为相对贫困群体提供信贷、投资、咨询等服务，使其能够直接参与更多的金融活动，增强了金融服务的可获得性，直接推动相对贫困群体的经济发展能力，提高其预期收入，从而减少相对贫困。金融要素的间接影响在于，金融体系可以通过对生产要素产生影响，使得社会供给与需求结构发生相应变化，进而促进资源配置效率的提高，带来经济的增长以及收入分配的改善，从而降低相对贫困的强度（彭见琼，2019）。

3.6.1　金融对相对贫困缓解的直接作用

直接作用主要体现在相对贫困群体的金融可获得性增加。具体来说，一方面，解决资金需求问题，激发内生动力。由于资金、信息、技术等要素的有限和农业生产本身的不确定性，部分贫困户在脱贫之后有一定的概率返贫。部分贫困户并不缺乏摆脱贫困的能力，而是缺乏生产与创业的启动资金，在拥有健全的融资担保体系和信用评级体系的情况下，金融机构就能够为产业活动的发展注入资金力量。贫困户可以获得创业与就业所需的部分资金，实现自我价值，同时也能缓解政府的财政压力，最终实现脱贫、防返贫。部分贫困户把扶贫资金当作免费的午餐，进而养成"等靠要"的依赖思想，很容易再次返贫。良好的金融素养就有助于贫困户积极关注、参与扶贫政策，科学合理地利用现有的扶贫资源，激发内生动力。此外，也让贫困户对扶贫工作有更加科学合理的评价能力，对扶贫政策进行及时反馈，提高扶贫工作的效率。随着金融水平的发展，相对贫困群体可以获得更多的金融机构提供的储蓄、信贷等金融服务，这些服务可使其有充足的资金投资于各类生产性活动，以及获得更多接受教育、培训等能力提升类活动的机会，进而提高生产发展水平和自身技术水平，增加生产性收入或者提升就业机会，从而提高工资收入等。另一方面，相对贫困群体通过储蓄可以累积一定的资金，平滑其消费，防御由不确定性风险带来的损失。并且通过金融体系所提供的包括养老保险、疾病保险、农业保险、财产保险等在内的保险服务以及各类金融信息咨询活动等，可以使相对贫困群体提升运用资金有效性的能力以及增加其抵御风险的能力，提高其未来的预期收入，从而降低贫困程度。具体可体现为如下几点。

1. 储蓄服务

在金融机构提供的众多服务当中，储蓄业务是最基础的服务，也是商业银行日益壮大的根本。相对贫困群体由于收入水平较低，通常将自身的收入所得存储于金融机构中。但经济社会由于各种不确定因素往往处于一个相对波动的环境中，相对贫困群体往往承受风险的能力较弱。而金融机构所提供的储蓄服务能够在出现经济损失、人身安全受到威胁等情形时，保障存储资金的安全，维持相对贫困群体的基本生活需要。此外，储蓄服务还根据金额、期限给予利息，相对贫困群体可以将储蓄作为投资，收入在一定程度上会有所增加，因此储蓄服务能够降低相对贫困的水平。对于金融机构来说，金融机构通过吸纳存款并重新流转利用，使其实力不断增强，进而为金融扶贫贡献更大的力量。

2. 信贷服务

信贷服务是金融机构最重要的资产业务，也是主要的盈利手段，在社会中发挥着重要的经济杠杆作用。对于贫困群体来说，通过金融机构的信贷服务能够有效地获取资金来进行生产发展。对于金融机构来说，信贷业务是增长资本的重要途径。相对贫困群体可以根据自身的条件状况选择合适的金融机构和信贷产品，从而满足自己的生产生活以及教育投资的基本要求。相对贫困群体从金融机构获得的融资资金可以进行投资，不断从中获得回报，使其生活得到改善、社会地位有所提高。所以金融机构信贷业务的发展对于相对于贫困群体摆脱相对贫困具有重要的意义。

3. 保险服务

保险业务是金融机构对社会公众提供的一种服务，相对贫困群体购买保险不是为了赚钱，而是为了转移风险。不过随着保险业的发展，现有的许多保险既能够在发生意外时赔付，也能每年有分红发放，起到了双重保障作用。于保险最基本的作用来说，当意外发生，造成一些突发性损失时可起到兜底保障的作用。所以相对贫困群体可以通过预先购买保险的方式获得一定的经济赔偿，既提高对突发事件的处理能力，降低了损失，又极大地保障了工作和生活的正常进行。

3.6.2　金融对相对贫困缓解的间接作用

间接作用主要体现在金融要素作用于国民经济，使得国民经济提质增效，通过促进经济增长和完善社会分配制度的方式来减缓相对贫困。即第一阶段金融发展对经济增长产生影响，然后第二阶段以经济增长结合社会分配制度对相对贫困产生影响，国民经济增长是桥梁和纽带。关于第一阶段的分析，具有代表性的是金融深化理论（麦金农，1980；肖，1992）。金融深化理论的一个核心观点是，只有完全放弃金融压制政策，切实推行金融自由化政策或金融深化政策，发展中国家才能够充分发挥金融要素对经济发展的促进作用；并且该理论认为政府在这个过程中完全可以充分发挥"有形之手"的作用，因为有效的宏观管理对金融深化会起到很强的推进效果，对促进金融规模的扩大、优化金融结构，以及提升金融效率等都大有益处。这样的结果是会引起相对贫困群体可投资品种的选择范围增加和资产规模增加，进而使投资效率得到提升，促进整个社会拥有更多的资本密集型产业替代原来的劳动密集型产业，社会总体就业水平得到提高，经济增长得以实现。对于第二阶段，即以经济增长结合社会分配制度对相对贫困的影响的分析，具有代表性的是经济增长对于贫困减少的涓滴效应理论（Squire，1993；Ravallion，1995）。涓滴效应理论（trickle down effect）又被称为利益均沾论，顾名思义，全体人员可以享受到经济发展所带来的好处。其核心含义是指在经济发展过程中，针对相对贫困群体或贫困地区，并不需要给予特别的政策优惠，但要创造相应机制，促使先富人群通过消费、就业等活动自动惠及后富人群，或者就是政府的财政津贴、转移支付等先经过大企业再陆续流入中小企业和消费者之手，提高整体收入，进而减少相对贫困。其间接作用还可以体现为提供保障，降低风险。良好的金融素养有助于提高贫困户、返贫户的风险认知能力和信用意识，进而降低经济损失和信用违约风险；保险作为风险管理的工具，它能够为脱贫人口因各种不可抗力因素而导致的返贫提供经济保障，降低返贫的风险，在扶贫、防返贫的过程中发挥了重要的作用。因地制宜的保险政策既为贫困人口筑起了一道防护墙，降低了风险，又为贫困地区统筹盘活资源，打造良好的产业环境，为脱贫工作注入更多动力。因此，加快经济增长始终是一个关键因素。具体可体现为如下几个方面。

1. 促进经济增长

随着日新月异的经济的发展，金融技术、金融手段也在不断进步，现代金融工具也越来越多，相应的金融产品、类型也日益丰富，人们不得不逐渐转变投资方式，从而使资本进一步深化。金融机构可以利用国家的货币政策和财政政策，优化投资服务，不断吸收存款，从而使资本供应量增加，缓解经济不景气的压力，进而使经济有所增长。金融机构将吸收的存款和少缴的存款准备金合理地、更多地用来放贷，帮助个人及企业正常生产，不仅有利于社会稳定，也能为大家营造良好的营商环境。由于时间、空间的原因，资金需求方和资金供给方在信息获取上存在严重的不对称性，严重影响到了资金的高效流通。为了优化资金的高效配置，金融机构应当充当中介的角色，有效发挥其桥梁作用，进行沟通，满足各方的资金需求，从而推动社会经济增长，减缓相对贫困。

2. 促进收入分配

金融可以有效地对社会资源进行系统整合和重新分配。相对贫困群体获得金融资源的竞争力是非常弱的，但相对贫困群体通过一定的努力和条件获得金融资源之后，可以有效地减缓相对贫困。但我们更要注意，要控制好较为富有的群体获得的金融资源的量，如果拥有量过多将会导致相对贫困的程度进一步加大，所以要确保分配机制的公平性、合理性，并适当向相对贫困群体倾斜。此外，金融机构可以重新分配人们存放的储蓄，并根据社会主义的本质要求不断完善分配形式，从而使个人及市场主体的资金得以满足。在经济运行较为平稳的时期，相对贫困群体可以不断通过各种方式降低自己的相对贫困水平，比如按时还款保护好自己的征信、丰富自己的知识储备、不断提高工作技能等。

3.7　小结

当前，我国已经在现行标准下解决了绝对贫困问题，防止返贫问题的发生和相对贫困问题的处理是目前及今后需要关注的问题。目前的返贫存在着区域性扩散分布、阶段性频发的特征，其主要原因在于自然灾害等自然不可抗力因素，扶贫政策措施的实践缺陷间接导致了断血式返贫，以及扶贫对象自身意识和能力障碍。同时，相对贫困又具有隐蔽性、相对性和长期性等特点。基于市场化原则的金融模式能较好地解决资金需求问题，达到激发相对贫困群体内生动力和提供保障、降低风险的目的。但相对贫困的金融治理方式也存在着相对贫困的标准确定难、由多维贫困所导致的相对贫困人口识别难、金融扶贫体系的盈利性与公益性有效结合难，以及相对贫困人口经济内卷化现象使得金融减贫效应实现难等难点，需要针对这些难点找到合适的解决方案，真正实现相对贫困金融治理。

第 4 章 我国相对贫困金融
治理现状分析

　　2021 年 2 月 25 日，习近平总书记在北京人民大会堂的全国脱贫攻坚总结表彰大会中庄严宣告，在全党全国各族人民共同努力下，在庆祝中国共产党成立一百周年的重要时刻，我国脱贫攻坚战取得了全面胜利，按照中国的现行标准，有 9 899 万农村贫困人口全部脱贫，832 个贫困县脱贫，12.8 万个贫困村脱贫，解决了区域性整体贫困问题，完成了消除绝对贫困的艰巨任务，也创造了人间奇迹的历史！

　　事实上，贫困问题不仅仅是一种在经济方面出现窘困的现象，更是一种在精神方面存在剥夺感的社会现象。它的消除一直是人类孜孜以求的梦想，是全世界人民追求幸福生活的基本权利，消除贫困也因此"被世界各国认定为实现人权保障的重要目标"（顾海英，2020）。自 1949 年新中国成立以来，贫困问题就始终得到党和国家的高度重视，坚持以人民为中心，实施精准扶贫脱贫基本方略，同时主动融入全球贫困治理，积极响应联合国《千年发展目标》和《2030 年可持续发展议程》。2020 年，在中国共产党的领导和全体人民的共同努力下，按照中国现行的贫困标准，中国农村的贫困人口全部脱贫，中华民族历史性地解决了绝对贫困，成为最早实现千年发展目标的发展中国家，为全人类的减贫脱贫事业做出了重大贡献，也同时为全世界的减贫事业提供了可借鉴的中国方案。

4.1　我国脱贫攻坚的现状

世界银行在 2018 年发布的《中国系统性国别诊断》报告指出，"中国在实现经济快速增长和减少贫困方面'前所未有的成功'"。2017 年 2 月 17 日，在德国慕尼黑举办的第 53 届慕尼黑安全会议上，联合国秘书长古特雷斯发表演讲，高度评价中国扶贫成就，他说："我们不应忘记，过去十年，中国是为全球减贫做出最大贡献的国家。"中国是世界上第一个同时提前实现了联合国两大发展目标的国家，一是将贫困人口减少一半的千年发展目标，二是联合国设定的 2030 年可持续发展议程的减贫目标。中国让 7 亿多人口摆脱绝对贫困，使中国人民大大受益，而且促进了世界上扶贫事业的发展，为世界上的贫困治理工作贡献了中国智慧，促进建设"消除贫困的人类命运共同体"，具有极其重大的世界意义。

4.1.1　日益健全的农村金融服务体系助推金融扶贫防返贫

据中国人民银行发布的数据报告显示，自从涉农贷款创办以来，涉农贷款余额从 2007 年末的 6.1 万亿元增加至 2019 年末的 35.19 万亿元，贷款显著增多。2018 年，我国农业保险保费收入为 572.7 亿元，参保农户为 1.95 亿户次，与 2007 年相比，保险保费收入和参保农户分别增长了 10.1 倍和 2.9 倍。同时信用信息体系建设日趋完备，1.84 亿户农户完成建立信用档案。由以上数据可以看出农村金融服务体系日益健全，农村金融的环境也在向好的趋势发展。

4.1.2　主要依靠财政为主金融为辅的扶贫模式

我国在扶贫工作上的支出规模自 2001 年开始一直呈增加态势，"十二五"期间中央财政累计投入专项扶贫资金接近 1 900 亿元，年均增长率

14.5%，"十三五"期间中央继续加大扶贫资金投入，单 2016 年一年的专项扶贫支出就达到 600 亿元以上，达到 2015 年的 1.5 倍以上。财政扶贫款在扶贫工作中始终居主导作用，包括扶贫专项贴息贷款、直接扶贫资金、产业及教育支出补助等。逐年增加的扶贫支出达到了直接的减贫效果，自 2015 年开始，我国农村贫困人口数以每年 1 300 万至 1 400 万的速度下降，直至 2019 年底全国仅剩 551 万贫困人口，2016 年年贫困地区农村居民人均消费支出首次突破 10 000 元，恩格尔系数逐年下降，教育、娱乐、文化支出占比逐年增高。

财政脱贫成效显著，但对财政支出依赖性极强，"给予型"扶贫支出占比过高，建档立卡户扶贫标准从 2014 的 2 800 元到 2017 的 3 200 元，支出逐年上升。除易地搬迁扶贫补助与危房改造补助外，中央财政或部分地方财政对贫困户的农业保险补贴、医疗卫生保险缴纳的补助兜底覆盖范围也逐年扩大，医疗卫生保险部分，重疾报销甚至不设上限，兜底参保与扶贫补助提高了贫困户的生活水平，提供了健康保障，但市场参与程度不高，对贫困户的保险意识和理财意识的培养作用较小，脱离财政补助的贫困户很可能迅速因为断保或收入骤减重返贫困。

在相对贫困治理时代，应积极引导多方资金参与扶贫工作，来自金融机构等其他资金的贡献在不断上升，政府在资金方面的支持则趋于下降，这样既能有效地解决扶贫实际有效供给不足等低效问题，又能缓解政府的资金压力。这也间接证明了利用金融助推脱贫、防返贫具有很大的优势，也是必然的要求。

4.1.3 贫困治理的政策体系日趋完善

近四十年来，我国在减贫方面取得了举世瞩目的成效。2011 年底，为了进一步加快贫困地区发展，促进共同富裕，颁布了《中国农村扶贫开发纲要（2011—2020 年）》，为我国脱贫最关键、最艰难的十年提供了强有力的支持。自 1992 年我国政府首次提出金融扶以来，金融扶贫越来越成为我国脱贫攻坚的重要方式。在金融扶贫发展的三十年中，我国金融扶贫的主体也不断扩大。2014 年人行印发了《关于全面做好扶贫开发金融服务工作的指导意见》，对于目前各类主体责任及具体内容、完善金融市场的服务机制要求做出具体部署。到如今，该意见仍是我国开展金融扶贫工作的重要指导内容。从制度上确定金融扶贫的战略意义是在 2015 年发布的《中共中央国务院关于打赢脱贫攻坚战的决定》，该文件确定了我国金融扶贫工作整体框架和精准扶贫的基本方略。在金融扶贫的整体框架确定之后，我国仍然不断创新发展金融扶贫的方式。在 2016 年，颁布了《中国的减贫行动与人权进步》的白皮书，白皮书表示，要满足特色产业扶贫、易地扶贫搬迁、贫困人口就业的金融需求，应创新发展扶贫小额信贷，完善精准扶贫的保障措施，实行更优惠利率的再贷款。

4.2　我国相对贫困金融治理存在的问题分析

4.2.1　精准扶贫的内生动力依然薄弱

伴随我国进入经济发展新常态，经济增速有所放缓，2020 年上半年新冠肺炎疫情的影响和国际贸易模式的变化，都对我国社会和经济发展产生了一定的影响。虽然国家出台了多项与农业相关的财税优惠政策，支持农户脱贫，可是由于地区间经济发展的不平衡，财税政策多存在内容结构不够合理、协调不力的问题；在金融支持政策方面，则普遍存在目标分散、缺乏引导力等不足，甚至部分地区没有完善的风险分担机制，缺乏风险分担比例的阶梯性。由于脱贫内生动力不足，许多贫困群体在脱贫之后就放松了警惕，很多村镇都是脱贫之后就对已经脱贫的群众人民一脱了之、置之不顾，而人民群众因为缺乏防范返贫的意识，认为自己的生活得到保障，不会再回到贫困的时候了，就表现得很放心大胆，结果是维持现状如逆水行舟，不进则退，即使不再进入绝对贫困，也在别人前进的前提下掉入相对贫困的陷阱。所以建立完善的预防机制、构建持续脱贫的内生机制显得格外重要。并且精准扶贫的精准性不高，贫困户的识别标准粗糙，农村收入来源的多样性导致了统计的复杂性突出，由于针对农村居民资产信息的微观统计不完善，导致农村居民漏报或者刻意隐瞒部分家庭成员外出工作收入或非货币资产性收入，在此基础上的数字化统计更难以推行；由于扶贫资源有限，地区贫困户数量成了扶贫资源分配的重要依据，为防止地方因此虚报贫困户数量而形成的逐级分配指标制度，虽然一定程度上遏制了虚报问题，但也致使部分贫困发生率不高的村庄名额过多，多余资源被不当分配，部分接近赤贫的村庄名额严重不足，扶贫资源在"平均分配"观念下没有发挥应有效果。贫困农村地区"不患寡而患不均"的平均主义观念致使扶贫资源成为显性福利资源，基层工作者为了解决分配矛盾，不得不将扶贫资源作为集体性福利进行分配，基层工作被引入错误的轮流受益、平均受益分配方式中，平均后的少量短期补偿对生产力起了反激励作用。同时，为了提高贫困识别精准度而采取的多维识别方式不但加重了基层负担，而且难免在工作下放中出现偏袒"自己人"及权力寻租问题。

4.2.2 金融扶贫的多元主体仍未形成合力

金融扶贫工作是一项需要多方协力才能完成的系统性工程，需要政府的扶贫部门带动财政、金融、银行以及各大产业行业一起建立一个全方位的协同治理综合机制。金融扶贫工作的目标是帮助贫困家庭减轻贫困，但参与其中的部门众多，且由于职能和责任的不同，各部门的任务和侧重点也不同。例如，地方政府主要着力于统筹脱贫攻坚的整体工作，银行业监管机构的任务是要预防银行风险，金融机构则更关注商业利益。因此，在以地方政府为主导，协同监管部门、金融机构等多方共同开展的具有针对性的金融扶贫工作中，一些工作内容可能会导致部分参与方的成本增加。例如，商业银行下沉服务网点，会导致金融机构的运营成本增加，与金融机构的关注点相冲突。另外，金融机构与监管部门之间也可能因为对贫困家庭的识别标准不同，以至于在贷款和风险的预防和控制方面产生利益冲突。还有监管部门和地方政府之间也有难以调控的矛盾，譬如为了确保扶贫贷款的商业可持续性，监管部门与地方政府在贫困企业或者贫困家庭的扶持上也会存在出入，从而可能会影响到地方政府脱贫计划的完成进度。因此，及时调整各部门间的工作冲突，提高金融扶贫工作的扶贫质量、精准度和有效性是亟须解决的问题。

4.2.3 金融供需失衡导致金融扶贫力度有待提升

近年来，随着农村社会的不断发展，新型城镇化、工业化的持续推进，农村信贷已经成为金融活动中最主要的需求领域。目前农村经济发展面临的最核心的问题就是农户们的生产性信贷融资供需不平衡，具体表现为农村信贷融资难、融资贵。虽然目前的农村商业银行可以满足绝大多数农村信贷需求，但实际上我国目前利率市场化进程并不算高，许多贫困地区并没有惠及。再加上现实中，大部分的农商行并没有根据贫困地区的实际情况，因地制宜地制定合理合适的利率，而是采取执行政策上限的做法，导致农民贷款普遍高于基准利率，甚至部分贫困地区年利率高达 15%，从而降低了农民贷款的积极性，极大地抑制了农村合理的信贷需求。对贫困村开展整治，使其完全摆脱贫困生活，必不可少的是发展村庄得以生存的工业产业链，鼓励人民群众自发创业，为了更好的生活奋斗。对此，政府在扶贫的过程当中是极其支持的，推出很多资金补助和技术方面的援助。但是在脱贫之后，政府推出的资金支持力度大大减弱，而一开始政府和银行方面达成的一些创业贷款利率上升，额度也有所下降，这样的现象会使原本发展起来的企业在继续运营时显得很吃力，更严重的情况是导致刚发展起来的企业就此破产倒闭，而一旦倒闭，整个地区的经济发展不起来，相继而来的就是大量的工人失业下岗，失去经济收入来源，整个村镇很大程度上返贫，变回贫穷的状态，所以产业资金支持力度不够深入和持续会产生很大的影响。因此，目前金融的供给和需求失衡，金融扶贫力度仍然不足，在金融扶贫活动中推进供需均衡的工作成效仍有待提高。

4.2.4 相对贫困群体生机能力有待提升

相对贫困群体生机能力不足主要体现在以下几方面：一是脱贫积极性不高。除去因天生地理或发展条件所限导致难以脱贫的地区，部分"贫根难拔"地区本身的贫困就是脱贫内生动力不足所致，贫困村中各户集体性好逸恶劳、思想观念不积极、排斥新生事物的情况比比皆是，甚至在安于贫困的心理上出现"羊群效应"。同时因为以往"输血式"扶贫的泛福利化，导致贫困村长期滋生"等、靠、要"思想，甚至"以穷为荣"，生怕被脱贫摘帽，失去帮扶救助，集体性排斥劳动致富。政府开展了很多扶贫工作，例如资金补助等多项举措去鼓励人民群众自力更生，但是很多人民因为自身受教育水平低下，可能因为一些习俗，例如受女子不可以进工厂工作等落后愚昧思想的影响而不去打工。还有一些贫困人民因为得到政府的资金支持，一直靠着政府生活，不愿意去工作，贪图享乐等现象多发，甚至有些人进行赌博等危害自身和社会的行为，养成懒惰、颓废度日的脾性。这样的行为极大程度上引发返贫现象。二是知识技能水平较低。对于很多相对贫困群体，受教育水平低下，知识储备量较少，知识技能缺少。针对日新月异的农村现代化水平进展，人民的应对能力不足。导致很多人民难以适应这种状况，随之而来的致富能力变弱，更严重的是有些企业难以应对这种变化，而使生产水平落后，跟不上进程而倒闭。而另一方面，知识技能水平较低会影响判断市场风险的能力，市场份额的增值需要人民有一定的市场风险洞察能力，从而增加资源的配置能力。技能水平低会使企业难以维持生机，特别是刚进入市场的时候，这种情况很大程度上会导致返贫的现象日益增多。三是因病致贫返贫现象时有发生。很多地区的相对贫困群体因为一直生活在相对较差的条件下，许多大大小小的病痛都是自己来解决的，很多医疗条件跟不上，导致他们的身体状况很不好。而且许多病症查出来了可以治，但是由于条件落后，资金不足，不以承受如此高的医疗费用而无奈不去医治，导致很多农村都是因病返贫，而且占的比例很高。四是受一些不可抗力的外部环境所影响。一些突如其来的自然灾害，例如地震、滑坡、泥石流等会影响人民的生活和财产安全，而且会导致一些基础的生产设施等受到严重破坏。这样的外部环境影响会导致经济萧条和破坏正常生产经营的开展。

4.2.5　产业扶贫的长期成效不稳定

当前全国各贫困地区施行的"政府＋合作企业＋技术指导员＋帮扶对象"的产业扶贫基本模式成了提高贫困户收入、引导主动脱贫、提高劳动力素质、构建脱贫长效机制的有效途径，但同时该工作的展开也面临着诸多问题与困难。

政府在产业扶贫的优惠力度上加大投入，但部分地区普惠性政策的帮扶设计却过于狭窄，往往形成"重拳打在棉花上"的效果。缺少成熟产业链的贫困农村无法合理利用帮扶资金构建产业链，"特色产业"往往成为无加工农产品或初加工农产品的定向销售，市场消费意愿不高的情况下依赖于政府包销或企业回购，反而给地方经济平添负担。各级部门在结对帮扶中倾向于简单落实、留痕落实，致使结对帮扶流于形式，从精准识别、精准施策目的出发设计的结对帮扶政策流于民政救济的简单形式，部分帮扶仅提供物资支持，不针对扶贫产业发展进行引导，造成资源浪费及贫困户脱贫积极性降低等问题。同时在产业扶贫中，贫困户与合作企业之间形成的资产归属关系与资产收益分配也加大了管理难度。

4.3　相对贫困金融治理的形态发展有待提高

4.3.1　普惠金融缓解相对贫困本可大有作为但实际效果还差强人意

联合国在 2005 年提出了普惠金融的概念，即以可负担的成本，以小微企业、农民、城镇低收入群体等弱势人群为其重点服务对象，使社会各阶级和有金融服务需要的人群所得到的服务变得更加适宜、高效。普惠金融的主要目的是提升金融服务的覆盖面、可得性和满意性，并且建设与小康社会相适应的金融服务与保障体系，让重点服务对象及时获取价格合理、便捷安全的金融服务。其包容性、广泛性、便捷性以及可持续性的特征，正好满足相对贫困对金融的需求特征。

在一定程度上，普惠金融使城乡的收入差距得到了改善，对普惠金融水平进行提高可以明显地改善城乡收入高低峰的差值，普惠金融的发展效率与城乡居民收入高低峰的差值呈倒 "U" 形关系。普惠金融的发展规模与城乡收入无关，农村金融对居民收入的增加具有正向作用，普惠金融帮助贫困人口提高生活质量，在有预防风险的保险需求下，普惠金融在一定程度上提高了居民的生活收入水平。广泛的金融服务使人们能够更好地获得金融服务，从而在质量上反映出较高的金融发展水平。特别是农村的普惠金融程度，在降低城乡收入差距这一方面发挥出明显的正向效应。普惠金融的条件比传统金融要宽松许多，使居民更容易获得贷款等金融产品或服务，参与金融市场，提高了居民的金融获得性。同时一些创新企业或小微企业通过普惠金融能够得到更多资金，从而增加所需要的生产要素，提升生产要素的供给。这些方面引导人们更好地进行创业或是进一步发展企业，从而促进了处于相对贫困的地区和人民脱贫。

但普惠金融缓解相对贫困的实际效果还有待提高。比如普惠金融服务产品针对的人群不够多元，缓解相对贫困的效果不显著。目前许多相对贫困群体的借贷需求无法满足他们需要的金融服务。相对贫困群体普遍喜好额度较小、周期较长的信贷产品，但是大部分正规金融机构都会因为担心违约风险的问题而对借贷周期设置较短，小额贷款通常最长期限为一年，对缓解相对贫困的时间稍显不足，无法很好地支撑人们的长期发展。具体可归纳如下。

一是普惠金融服务不均衡。城市与农村的发展差异较大，农村获得的金融资源比城市的要少得多。由于商业银行是以盈利为目的的，金融机构的金融服务更加倾向于城市，发展不均衡的问题仍然存在于银行机构内部，设立在乡镇及乡镇以下的网点稀少，农村地区不能享受更多更平等的金融服务，覆盖率仍较低，一些更为偏远的地区甚至为空白，没有设置金融机构网点，因此不能得到金融机构的扶持，有些地区即使设置了网点，但是还是有金融基础服务不到位的情况，贫困地区、贫困人口和中小企业融资困难，贷款手续繁杂，成本高，融资渠道窄，金融服务覆盖的范围小，影响了低收入、贫困人口贷款融资的积极性。

二是普惠金融相关法律法规体系不完善。目前，我国在积极引导金融机构去帮助贫困群体，可是普惠金融并不能得到在法律法规方面的支持，对于普惠金融服务主体的相关法规没有正式纳入管理。对于金融供给方面和金融需求方的利益没有相关法律制度的保护，加上一些贫困地区没有很好的信用环境，造成金融机构不太愿意去提供扶贫贷款，某些农村贫困人口通过银行取得贷款后，不好好利用贷款，也不及时还款，使金融机构遭受损失，由于缺少监管法规和法律约束，进一步打击了金融机构的积极性。

三是普惠金融的基础设施建设有待加强。贫困地区信用体系及金融配套设施还需进一步发展和完善，农村金融需求者在信用意识方面认识薄弱，信用档案不够完善，金融需求者由于信用记录不全等问题不能获得低成本的信贷服务，落后贫困地区的支付环境有待改善，存在取款困难、数字支付发展较慢、结算体系发展落后、没有足够的结算网点、乡镇的 POS 机数量少，以及自助服务机的数量不够等问题。

四是普惠金融供给与需求不匹配。由于大多数金融机构把利益放在第一位，重点在于追求利益的最大化，而农村金融回报率低、成本高，因此银行没有做到普惠金融要求的合理配置资源，设立网点少，银行设置了最低贷款的要求，但是很多贫困地区的融资客户没有达到银行要求的抵押担保条件，这也打击了农村地区贫困群体的贷款融资积极性，而银行基于风险、成本以及收益等原因，吸收的大量资金也不想要投放到农村贫困地区，反而流向城市去实现利润最大化，很多商业银行很少涉足"三农"方面的信贷业务，难以满足普惠金融的要求，由此造成农村地区借贷双方失衡。对待中小企业的长期贷款也持比较审慎的态度，中小企业很难获得长期的资金支持，造成供求双方的矛盾。

4.3.2 农村金融：相对贫困缓解的金融"活水"不足

由于我国的城乡二元结构非常明显，农村的发展程度比城镇发展程度要差一些，贫困问题在农村表现得更为突出。因此，金融缓解相对贫困必然离不开农村金融。农村金融的含义是农村地区的资金融通活动，包括一系列与农村资金供求相关的金融产品和服务如信贷、储蓄、保险、融资租赁等，以及农村金融的制度、政策、组织和服务体系，对农村地区经济的发展有着重要影响。农村金融也可分为正规金融和非正规金融，其中正规金融主要包括"三农"即中国农业发展银行、中国农业银行、农村信用合作社和其他正规金融机构，非正规金融包括村镇银行、小额贷款公司、农村资金互助社等民间金融结构。通过农村金融治理相对贫困的最普遍的方式就是通过"三农"等正规金融机构向农村地区的产业发展以较低的利率发放贴息贷款、信用贷款等，提供资金支持。其次是为农村地区农户的经营生产提供农业保险，分散经营风险，保障农民收入的稳定增加，从而提高农民的获得感、幸福感。除此之外，民间金融机构如小额贷款公司因其门槛较低，在贫困农村地区更易被熟知和接受，丰富了农村地区的金融服务，对缓解相对贫困具有重要作用。另外，村民们入股成立的村镇银行和农村资金互助社也是农村相对贫困地区融资的一个途径，调动了人们生产劳动的积极性，激发了人们的生产创造能力，带动相对贫困地区经济发展，从而缓解当地的相对贫困状况。

但目前农村金融缓解相对贫困还存在着很多不足。比如农村金融机构数量少，金融资本规模较小。由于金融机构在相对贫困地区的盈利较少，甚至亏损，许多金融机构不愿意在农村地区设立网点，导致农村地区的金融服务覆盖率较低且进入的资本规模也较小。并且由于农村地区的经济发展相对落后，金融服务的普及率不高，农村地区的居民对金融服务的需求更多的在传统的储蓄、支付，对其他金融服务的认识较少，从而不愿意去参与保险、小额信贷方面的投资行为。农村金融产品相对单一，地区特色金融产品缺乏。再者就是农村金融的成本较高，不利于相对贫困的缓解。农村地区广泛，居民居住地比较分散，人口集中程度不比城市，所以金融机构要投放相当数量的网点才能让农村居民享受到其提供的金融服务，这就会大大增加金融机构的成本以及后期的运营成本费用。再加上农村地区的征信信息不比城市地区完备，金融机构要花费时间、人力在征信方面。农村贷款通常分为两类：生产性贷款和消费贷款。在一些农村地区，生产性的信贷不多，消费性信贷的规模又很小，所以许多金融机构在农村地区所获得的收益未必能够弥补成本支出。农村地区的数字化建设仍在起步，数字化程度不高，农村普惠金融发展在未来也还有很大的发展空间。在金融科技迅速发展的当下，如果加快提升农村金融数字化程度，可以促进乡村振兴，有助于县区、城市与农村的相对贫困问题的缓解。

4.3.3　绿色金融助力相对贫困缓解的发展意识不够强

就现阶段来说，绿色金融的发展主要集中在政府的外部推动，金融机构和企业对绿色金融的参与存在不活跃的问题，直接影响了绿色金融发展的内部驱动力，导致绿色金融发展的内生动力不足。首先，社会责任意识相对不强。绿色发展的正外部性以及绿色金融的公共品或准公共品性质，导致市场主体"搭便车"行为，绿色金融产品的整体供给和空间不足。其次，对于金融机构来说，绿色项目融资的主要特征通常表现为投资回收期时间较预期长、收益的不确定性，以及企业还需要额外对一些绿色项目信息进行识别验证和进行额外的风险认证等，金融机构自身天然存在的这种"逐利"特征就更进一步加强了金融机构在绿色金融产品发展道路中出现的"搭便车"行为。

大部分金融机构缺乏战略长远投资目标定位和投资愿景，往往仅集中地关注到某些绿色金融的具体战略经营目标层面，同时也缺乏做好制度、组织策划和制度文化构建等一系列战略思考准备。如果在发展现有绿色金融业务规模的过程中，出现持续较大资金亏损现象的情况下，商业性金融机构则往往会主动停下脚步，或者直接选择放弃对该绿色金融业务模式的持续开展。对于企业本身而言，从获取成本效益角度和保障自身短期利益角度综合考虑，更注重的是其资金收益的可获得性能力和运营成本，而不管它到底是否属于绿色金融性质。与此同时，其对绿色金融实践工作的认识水平也不高。

4.3.4 民间金融的发展有待提升

从实际情况看，相对贫困群体的正规金融借贷的获得性不高，条件较多，不足以满足资金需求，从而会将借贷需求转移到非正规金融渠道上。有些是向周围亲戚朋友进行借贷，有些则是向民间的金融机构借贷或是在互联网上借贷。政府由于压制高利贷的发展而对非正规金融进行了限制，持冷漠的态度。事实上，非正规金融机构可以弥补正规金融机构在服务上的缺陷，使借贷的流程更简单、贷款金额更大，从而满足人们的需求，降低金融机构与人们之间的信息差。目前社会对非正规金融机构的态度使金融借贷的活跃程度无法提高，正规金融机构的用户也无法进一步增加，从而导致相对贫困的缓解速度较慢。

4.4 小结

我国的扶贫工作取得了举世瞩目的成就，为全世界各国的扶贫事业打造了一个可以借鉴的中国样板，其中中央财政的顶层设计、地方政府的积极实施，以及全国人民的通力合作是极其重要且值得其他各国借鉴的经验。在相对贫困成为常态的时期，也存在着诸如内生动力不足等相对贫困治理的问题，这些都是需要在实践中加以解决的新时代难题。

第5章　金融机构参与扶贫对其企业绩效的影响分析

得益于国家的精准扶贫政策，我国的脱贫攻坚任务于 2020 年基本完成，困扰中华民族千百年来的绝对贫困和区域性整体贫困问题历史性地得到解决。但这并不意味着 2020 年后扶贫工作的结束，新时代的贫困治理将以相对贫困为核心。绝对贫困的治理，大多以财政资金为主，以起到"输血"作用即救济式扶贫，而对于相对贫困，更宜采用开发式扶贫也即"造血"式扶贫。在我国的扶贫治理实践中，两种模式一直都同时存在，只不过财政资金扶贫一直处于主导地位，但金融扶贫越来越得到重视。习近平总书记近些年多次提到金融扶贫的重要性：2015 年 11 月，在中央扶贫开发工作会议上强调要重视金融扶贫；2017 年 2 月，在中共中央政治局第三十九次集体学习时强调要加强金融扶贫的力度；2017 年 7 月，全国金融工作会议上强调要建设普惠金融体系，推进金融精准扶贫。在党的十九大报告指出，要坚决打赢脱贫攻坚战，鼓励和引导各类金融机构支持扶贫工作等。

相对于财政扶贫模式，金融扶贫模式将会越来越受到重视。但金融机构本质上是以盈利最大化为目标的企业，对参与风险较大的贫困治理到底愿不愿意做？参与贫困治理对金融企业本身绩效有什么样的影响？本书从社会责任的角度探讨金融业参与精准扶贫的逻辑，对金融业承担社会责任与金融企业价值的影响进行实证检验。本章以金融机构为研究样本，从理论和实证的角度对金融机构参与精准扶贫对金融企业价值的影响进行分析。结果表明：金融机构参与精准扶贫对其绩效有正向影响；细分业态来看，银行业和保险业影响不显著，证券类金融机构和其他类金融机构正向影响显著；从金融扶贫的方式来看，转移就业与易地搬迁脱贫投入对金融机构的绩效有显著的正向影响，产业发展脱贫投入、教育脱贫投入对金融机构的绩效有一定的正向影响，健康及生态保护扶贫投入、兜底保障与社会扶贫投入对金融机构的绩效影响不明显。

5.1 理论分析与假设提出

5.1.1 金融机构参与精准扶贫的文献梳理

如何解决贫困是全世界都高度关注的课题。首先对贫困需有清晰的界定，阿玛蒂亚－森（Sen，1999）指出，应将贫困定义为能力不足而不是收入低下，主张以"可行能力剥夺"来看待贫困。并且金融反贫困是一种可行的模式，Bruhn等（2014）发现，提高低收入群体的金融可得性有助于反贫困。现有的研究从理论和实证等不同角度对经济发展、金融发展与贫困之间的关系进行了探讨，分析了金融发展对贫困减少所产生的影响。大多数经济学家都认为随着世界经济增长和全球化进程加快，金融发展是推动经济增长的有力因素，从而有利于减贫。学者们比如 Bruno 等（1998），Squire（1999），以及世界银行（World bank，2001）等相关研究都认为经济的增长将带动国民收入的显著提高，而穷人收入倾向于随平均收入成比例地上升或是下降，也就是说，经济增长能够对贫困减少产生间接影响，即经济增长－收入提高－贫困减少。Geda 等（2006）的研究表明，放宽金融市场对低收入人群的信用限制，可使低收入人群能直接参与更多的金融活动，接触到更多的金融产品，发挥金融的基本功能，提高低收入人群的未来收入，达到直接减少贫困的作用。Navick（2020）认为收入和政策影响是相对贫困变化的主要因素。Khan S. 等（2020）从家庭角度对货币和多维贫困的原因进行了研究。由于金融机构在参与农村金融反贫困时所面临的风险较大，如何提高金融可得性就显得尤为重要。

　　国内学者也关注到了贫困不能简单地用纯收入来界定，但在实际执行过程中却依然用收入来界定贫困，根本原因是收入容易衡量。胡鞍钢等（2001）认为贫困的内涵应该至少包括知识贫困、收入贫困和人类贫困。对于返贫的原因，具体可归结于农村底子薄、社会经济发展滞后、农民适应生产力发展和市场竞争的能力不足等。对于对策措施，目前我国的脱贫主要还是财政脱贫为主，金融扶贫参与度不高（李建军 等，2019；范和生等，2020）。与之对应的是，目前的金融防返贫效果不太理想，根本原因是长效机制还没有构建起来，并且现行制度下，财政防返贫没有强化反而是弱化了金融防返贫效果；贫困村互助资金与农村金融市场的正规金融、非正规金融部门之间存在替代关系（殷浩栋 等，2018）。李建军 等（2019）认为金融减贫不理想的根源在于正规金融机构容易忽视弱势群体，并且在金融防返贫过程中，农贷资金呈现出被精英占有的"精英俘获"机制，贫困人口反而难受其惠。王文明（2020）、王雪岚（2020）等都从不同角度对相对贫困的治理进行了研究。微型金融的关注度也在提高，例如蒋华丰等（2010）认为小额信贷是微型金融的核心，尤努斯博士所倡导的小额信贷被证明是一种非常有效的扶贫方式。

5.1.2　金融机构参与精准扶贫对企业价值影响的理论分析

　　企业社会责任理论认为，企业是创造财富的主要载体，承担着履行社会责任的义务，在推动经济发展、提高人民生活水平和促进国泰民安的过程中扮演着重要角色。作为现代经济的核心，金融机构的社会责任更为艰巨，其承担的社会责任主要包括：一是经济责任，助力实体经济创造就业机会；二是监管责任，维护金融市场稳定；三是环境责任，助力生态文明建设；四是道德责任，助力扶贫攻坚。金融机构对于社会的经济责任和道德责任不应仅局限于创造利润和纳税捐赠，其更深刻的内涵是要以正确和恰当的方式进行业务运营，了解并及时处理利益相关方特别是相对贫困群体所关注的问题，并充分利用其影响力，带动全社会关注并积极履行社会责任，将社会责任的履行效果扩大，积极助力扶贫攻坚，实现共同富裕的美好愿望。

金融机构参与扶贫，一方面丰富了国家扶贫政策的实施参与主体，整合贫困地区当地优势资源，带动其产业发展，助力贫困人口实现脱贫，推动国家扶贫政策的贯彻落实；另一方面，金融机构通过参与扶贫，把其自身发展与贫困地区的发展紧密联系在一起，从而构建良好的社会关系和树立良好的社会形象，可以收获更多客户群体的认可，金融机构也就更愿意通过履行社会责任来获得更多消费者的认同。因此，金融机构参与精准扶贫不仅仅是履行社会责任的一种方式，也为金融机构自身的发展带来新的增长点。

合法性理论认为合法性并非企业自身的属性，而是社会公众，尤其是利益相关者，特别是内部利益相关者授予企业的评价。金融机构企业社会责任战略的实施提升了对内部利益相关者的福利关注，可以提高企业员工的积极性和忠诚度，进而促进企业绩效。而外部利益相关者的社会责任承担，短期内可能对企业的价值影响不明显，甚至可能是负面影响，但通过社会责任信息承担，可以向外部利益相关者比如社会公众和广大投资者传递相关信息，帮助企业建立起良好的声誉，树立良好的社会形象，提高客户满意度，最终提高公司未来的市场价值。因此，基于上述分析，可以认为，金融机构参与精准扶贫，主动承担社会责任，从而获得政府、社会以及相关利益者的认可，进而为其相关经营活动提供合法性支持，使得经营业务量增加，实现从利他到利己的过程转变。所以，可以提出以下假设：金融机构参与精准扶贫、主动承担社会责任对企业绩效具有促进作用。

5.2　研究设计

5.2.1　数据来源

本书的研究样本和财务数据均来自 CSMAR 数据库，由于 CSMAR 精准扶贫数据库收集的数据是 2016 年开始的，所以所选的样本包含的是 2016—2019 年这 4 年的数据，由于相关财务数据的缺失，以及剔除 ST 样本和已经退市的样本，最终涉及金融机构数 112 家，样本量总共 300 个。金融机构行业名按 2012 版证监会行业分类名称分类，分为货币金融服务即银行类 98 个样本、资本市场服务即证券类 159 个样本、保险业 16 个样本、其他金融业 27 个样本。

5.2.2　各变量指标的选取

（1）因变量：参与精准扶贫金融机构的企业绩效指标。对于企业绩效的度量方法，目前来说不是唯一的，是因为企业绩效可以体现在比较多的因素上，比如企业的盈利能力、企业的偿债能力、企业的资产运营水平以及企业的后续发展能力等各个方面，因此，借鉴已有的文献比如张曾莲等（2020）的研究，本书采用体现企业盈利能力和综合实力的可持续增长率（KCXZZL）来衡量金融机构的企业绩效。其计算公式如下：

$$可持续增长率 = \frac{净资产收益率 * 收益留存率}{1 - 净资产收益率 * 收益留存率}$$

（2）自变量的选取。由于本书的研究目的是探讨金融机构参与精准扶贫的这种行为对金融机构本身企业绩效的影响，因此，金融机构参与精准扶贫的扶贫金额即为本研究的自变量。扶贫金额包括金融机构为精准扶贫而提供的资金和物资折款之和，并可细分为：产业发展脱贫投入额、教育脱贫投入额、转移就业与易地搬迁脱贫投入额、健康及生态保护扶贫投入额、兜底保障与社会扶贫投入额，以及其他项目投入额等。

（3）控制变量的选取。对于公司绩效的影响，其因素是多方面的，所以有必要在分析的过程中加入控制变量。本书借鉴张曾莲等（2020）的研究范式，选取企业规模、成立年限、偿债能力、公司治理水平、股权集中度以及股权性质等作为控制变量，同时把企业有无后续扶贫计划也作为一控制变量进行分析。各变量定义及计量见表 5-1。

表 5-1 变量符号及含义

变量类型	名称		符号	含义内容或计量方式
因变量	企业绩效		KCXZZL	可持续增长率：净资产收益率＊收益留存率/（1－净资产收益率＊收益留存率） 注：在稳健性检验中用 ROA 及 ROE 代替
自变量	精准扶贫		lnFP	金融机构为精准扶贫而提供的资金和物资折款之和，取总金额对数值，并可细分为：产业发展脱贫投入、教育脱贫投入、转移就业与易地搬迁脱贫投入、健康及生态保护扶贫投入、兜底保障与社会扶贫投入，以及其他项目投入
控制变量	企业规模		insize	企业期末资产总额，取对数值
	后续扶贫计划		HXJH	有后续扶贫计划赋值为 1，否则为 0
	成立年限		year	所分析的年份与公司成立年份的差值
	偿债能力		LEV	年末负债/年末总资产
	公司治理水平	兼任情况	JR1	董事长与总经理兼任为同一人赋值为 1，不是同一人赋值为 0
		独立董事人数占比	DDB	独立董事人数/董事会人数
		委员会设立总数	WYH	报告期内设立的包含审计委员会、战略委员会、提名委员会、薪酬与考核委员会等委员会的个数
	股权集中度		top1	第一大股东持股比例
	股权性质		GY1	控股股东为国有股或者国有法人股赋值为 1，否则赋值为 0

5.2.3 模型设定

由于本书的研究目的是探讨金融机构为承担社会责任从而参与精准扶贫的这种行为对金融机构本身企业绩效的影响，根据前面的分析，本书建立模型如下：

$$KCXZZL = \beta_0 + \beta_1 * lnFP + \sum \beta_n * controls + \xi$$

其中，金融机构可持续增长率 KCXZZL 为因变量企业绩效；金融机构参与精准扶贫额度 lnFP 为自变量；controls 为控制变量；β_i 为待估参数；ξ 为随机扰动项。我们要关注的是 lnFP 的系数，如果为正数且显著就符合本书的假设，说明金融机构参与精准扶贫对其自身的企业绩效有着正向促进作用。

5.3　实证分析

5.3.1　描述性统计

表 5-2 列示了所有变量的描述性统计结果。可以看出，被解释变量 KCXZZL 的最小值为 -0.535，最大值为 0.190，均值仅为 0.058，说明中国金融机构的可持续增长率即企业绩效差异较大，而且大部分金融机构的企业绩效较低，提高金融机构的企业绩效是当前亟待解决的重要问题。解释变量 FP 的标准差为 548 410.499 5，说明在参与了精准扶贫的金融机构里，相互之间的扶贫力度差距比较，最小的投入额只有 1 万元人民币，从总样本中，发现所有上市金融机构中有 87.58% 的金融机构都有参与精准扶贫，且 HXJH 的均值为 0.94，说明有 94% 的上市金融机构都有后续扶贫计划，这些都可以说明国家精准扶贫政策的实施对上市公司金融机构的影响较大。从偿债能力上看，LEV 的均值为 0.785，说明平均而言，中国上市公司金融机构的偿债能力较好，吸收资金能力强。从公司治理水平上看，JR1 的均值为 0.13，说明董事长与总经理二者合一的情况较少，DDB 的均值为 0.367，WYH 数量的均值为 5.18 个，说明大部分上市公司治理水平较高，高管权力形成有效制衡。从股权集中度上看，top1 的均值为 0.35，说明平均而言，第一大股东持股比例为 35%，上市公司的股权结构比较合理，内部控制比较有效从产权性质上来看，GY1 的均值为 0.35，说明在本书所选取的样本中，有 35% 的上市金融机构属于国有企业。

表 5-2　变量的描述性统计

变量	样本量	最小值	最大值	均值	标准差
KCXZZL	300	−0.535	0.190	0.058	0.054
FP	300	1.000	6 892 676.0	88 818.6	548 410.5
lnFP	300	0.000	15.746	7.068	2.536
lnsize	300	20.640	31.036	26.105	1.868
HXJH	300	0.000	1.000	0.940	0.238
year	300	6.000	36.000	21.190	5.868
LEV	300	0.022	0.947	0.785	0.141
JR1	300	0.000	1.000	0.130	0.341
DDB	300	0.100	0.600	0.367	0.046
WYH	300	3.000	8.000	5.180	1.011
top1	300	0.043	0.774	0.289	0.168
GY1	300	0.000	1.000	0.350	0.479

考虑到到目前为止，我国的金融业采取分业经营的模式，不同业态的金融机构是否参与精准扶贫以及企业绩效可能存在较大差距，本研究按照分业的形态对样本分开进行描述性统计。表 5-3 列示了各变量按不同业态进行分组的描述性统计结果。可以看出，银行业、证券业、保险业和其他金融业 KCXZZL 的均值分别为 0.093、0.038、0.061 和 0.042，说明平均而言，银行业金融机构的可持续增长率即企业绩效最好，证券业金融机构企业绩效最差，不同业态金融机构的绩效差异较大。银行业、证券业、保险业和其他金融业 FP 的均值分别为 260 496.7、2 145.3、47 683.1 和 476.3，说明平均而言，银行业金融机构参与精准扶贫的力度最大，其次是保险业，其他类金融机构参与精准扶贫的力度最小，并且不同业态的扶贫力度有明显差异。

表 5-3　按不同业态分组的各变量的描述性统计

变量	银行业(98)				证券业(159)				保险业(16)				其他金融业(27)			
	最小值	最大值	均值	标准差	最小值	最大值	均值	标准差	最小值	最大值	均值	标准差	最小值	最大值	均值	标准差
KCXZZL	-0.083	0.176	0.093	0.031	-0.111	0.119	0.038	0.030	-0.098	0.173	0.061	0.059	-0.535	0.190	0.042	0.122
FP	1.000	6 892 676.0	260 496.7	938 015.8	3.870	60 013.0	2 145.3	6 945.6	45.000	461 742.0	47 683.1	128 959.8	1.000	3 044.2	476.3	812.9
lnFP	0.000	15.746	8.617	3.134	1.353	11.002	6.398	1.560	3.807	13.043	7.542	2.573	0.000	8.021	5.107	1.660
insize	22.527	31.036	27.725	1.820	22.578	27.562	25.281	1.055	24.891	28.947	27.035	1.404	20.640	26.557	24.529	1.654
HXJH	0.000	1.000	0.920	0.275	0.000	1.000	0.970	0.175	0.000	1.000	0.870	0.342	0.000	1.000	0.890	0.320
year	6.000	36.000	21.800	7.208	8.000	31.000	20.420	5.164	13.000	28.000	21.250	4.946	15.000	30.000	23.520	3.906
LEV	0.736	0.947	0.921	0.026	0.382	0.848	0.721	0.075	0.603	0.912	0.846	0.076	0.022	0.892	0.635	0.257
JR1	0.000	1.000	0.060	0.241	0.000	1.000	0.130	0.333	0.000	1.000	0.250	0.447	0.000	1.000	0.370	0.492
DDB	0.100	0.467	0.363	0.048	0.267	0.600	0.371	0.046	0.333	0.417	0.357	0.028	0.333	0.500	0.367	0.049
WYH	4.000	8.000	6.140	1.055	3.000	6.000	4.790	0.517	4.000	6.000	4.560	0.629	3.000	5.000	4.300	0.542
top1	0.043	0.654	0.218	0.160	0.108	0.774	0.295	0.146	0.108	0.684	0.374	0.215	0.226	0.724	0.462	0.136
GY1	0.000	1.000	0.370	0.485	0.000	1.000	0.360	0.483	0.000	0.000	0.000	0.000	0.000	1.000	0.440	0.506

5.3.2 相关性分析

表 5-4 为所有变量的相关系数矩阵。可以看出，被解释变量 KCXZZL 与解释变量 lnFP 的系数分别为 0.321 ，且在 1% 的水平上显著，说明上市金融机构参与精准扶贫对其企业绩效有正向影响，初步证实了本书的假设。同时，本书所选取的控制变量与 KCXZZL 的关系基本上都是显著的，且各变量之间的相关系数基本上都小于 0.5，说明本书所选取的控制变量是比较合适的。并且，后面的回归方程中变量的方差膨胀因子最大值为 2.201，远小于 10，说明不存在严重多重共线性，进一步说明本书选取的控制变量是合理的。

表 5-4　变量的相关性分析

变量	KCXZZL	lnFP	size	HXJH	year	LEV	JR1	DDB	WYH	top1	GY1
KCXZZL	1										
lnFP	0.321*** (0.000)	1									
size	0.240*** (0.000)	0.320*** (0.000)	1								
HXJH	0.091 (0.116)	0.199*** (0.001)	-0.156*** (0.007)	1							
year	0.075 (0.196)	-0.045 (0.437)	0.298*** (0.000)	-0.037 (0.519)	1						
LEV	0.359*** (0.000)	0.410*** (0.000)	0.319*** (0.000)	0.011 (0.843)	0.022 (0.706)	1					
JR1	-0.202*** (0.000)	-0.077 (0.184)	-0.096* (0.097)	0.058 (0.318)	-0.036 (0.533)	-0.091 (0.115)	1				
DDB	-0.221*** (0.000)	0.033 (0.572)	0.116** (0.045)	0.024 (0.675)	0.047 (0.415)	-0.064 (0.270)	0.118** (0.042)	1			
WYH	0.304*** (0.000)	0.338*** (0.000)	0.226*** (0.000)	0.030 (0.601)	-0.109* (0.058)	0.495*** (0.000)	-0.127** (0.028)	0.043 (0.459)	1		
top1	-0.006 (0.922)	-0.131** (0.023)	0.213*** (0.000)	-0.198*** (0.001)	0.172*** (0.003)	-0.090 (0.120)	0.004 (0.951)	0.046 (0.427)	-0.295*** (0.000)	1	
GY1	0.113* (0.051)	-0.030 (0.599)	-0.144** (0.013)	0.128** (0.027)	-0.179*** (0.002)	-0.041 (0.478)	0.018 (0.759)	-0.129** (0.025)	0.016 (0.786)	0.017 (0.768)	1

注："*""**"和"***"分别代表在 1%、5%、10% 水平上显著，括号内数字为对应变量的 P 值，下同。

5.3.3　实证结果分析

根据上述模型设定，采用普通最小二乘模型进行回归，检验金融机构参与精准扶贫对其企业绩效的影响。我们发现，在不考虑控制变量的情况下，第（1）列 lnFP 的系数为 0.007，且在 1% 水平上显著。在加入控制变量之后，第（2）列 lnFP 的系数也是显著为正的，说明金融机构参与精准扶贫对其企业绩效存在正向影响，证明本研究的假设是成立的。

另外，本研究发现，企业规模 size 与企业绩效的系数是显著为正的，说明企业规模与企业绩效呈正相关，即企业规模越大，越有利于企业绩效的提高。企业有后续扶贫计划 HXJH 对企业绩效的影响为正，但在整个样本中不显著。企业成立年限与企业绩效的系数为正，同样也不显著。资产负债率 LEV 与企业绩效的系数是显著为正的，即资产负债率越高，企业绩效越高。对于金融机构而言，以银行为例，银行的资金来源主要是各种储蓄形成的负债，负债率高，说明吸储能力强，也就能更多地发放贷款，利润就越高。董事长与总经理二者是否合一（JR1）与企业绩效的关系显著为负，这是由于董事长与总经理合二为一时，公司治理中难以形成权力的有效制衡，合二为一的董事长或总经理就容易追求自身利益最大化，而做出不利于企业发展的决策，降低企业绩效。独立董事比例（DDB）与企业绩效的系数显著为负，说明所分析的样本中，金融机构独立董事制度的存在并没有在公司治理中形成有效的制约和监督作用，独立董事制度形同虚设。委员会设立总数（WYH）与企业绩效的系数是显著为正，说明公司所设立的包含审计委员会、战略委员会、提名委员会、薪酬与考核委员会等委员会的数量越多，公司治理效果越好。第一大股东持股比例（top1）与企业绩效的系数为主正但不显著，说明控股股东的比例对金融机构的绩效影响不是太大。产权性质（GY1）与企业绩效的系数是显著为正的，即国有性质的金融机构的企业绩效更高。说明在我国现实国情下，金融业作为一个特殊的行业，有国家政策和资源的投入，可以保证其企业绩效更好，因此有必要保证一定比例的国有特征。

表 5-5　精准扶贫回归结果

	KCXZZL	
	(1)	(2)
lnFP	0.007*** (0.000)	0.004*** (0.006)
size		1.334E−15* (0.098)
hxjh		0.018 (0.130)
year		0.001 (0.122)
LEV		0.062*** (0.010)
JR1		−0.019** (0.017)
DDB		−0.251*** (0.000)
WYH		0.009*** (0.009)
top1		0.022 (0.231)
GY1		0.115** (0.028)
截距项	0.009 (0.296)	−0.013 (0.705)
观测值	300	300
R^2	0.103	0.283
F	34.300** (0.000)	11.428*** (0.000)
$D\text{-}W$	1.801	1.827
VIF	1	1.570

注：方差膨胀因子 VIF 只保留回归方程中的最大值，下同。

5.3.4　稳健性检验

为检验回归结论的稳健性，接下来用替换被解释变量的衡量方法。对于企业绩效的衡量指标目前并不唯一，除了本研究所用到的可持续增长率，还有很多的其他财务指标可以用来衡量企业绩效，比如总资产收益率 ROA（return on assets）和净资产收益率 ROE（return on equity）等就是衡量企业绩效的常用指标。因此，接下来分别采用 ROA 和 ROE 作为企业绩效的衡量指标，解释变量和控制变量保持不变，对上市金融机构参与精准扶贫对其企业绩效的影响重新回归，回归结果如表5-6所示。第（1）列～第（4）列中lnFP的系数分别为3.346E-6、0.001、0.01、0.006，且均在1%水平上显著，说明上市金融机构参与精准扶贫对其企业绩效有正向影响，与前文结论保持一致。企业绩效与其他控制变量的相关性也与前文基本保持一致，在此不再详细展开描述，说明本研究回归结论具有稳健性。

表5-6　稳健性检验

	ROA		ROE	
	(1)	(2)	(3)	(4)
lnFP	3.346E-6*** (0.001)	0.001*** (0.009)	0.010*** (0.000)	0.006*** (0.002)
size		−4.336E−17 (0.824)		1.766E−15 (0.166)
HXJH		0.007** (0.020)		0.051*** (0.009)
year		6.790E−5 (0.574)		0.001 (0.138)
LEV		−0.043*** (0.000)		0.023 (0.549)
JR1		−0.006*** (0.002)		−0.035*** (0.007)
DDB		−0.032** (0.030)		−0.374*** (0.000)
WYH		0.001* (0.072)		0.015*** (0.005)
top1		0.015*** (0.001)		0.029 (0.301)
GY1		0.003* (0.075)		0.016* (0.093)
截距项	0.012*** (0.000)	0.033*** (0.000)	−0.002 (0.860)	−0.017 (0.756)
观测值	300	300	300	300
R^2	0.000	0.253	0.101	0.246
F	3.501*** (0.001)	9.813*** (0.000)	33.418*** (0.000)	9.429*** (0.000)
D-W	1.932	1.901	1.939	1.971
VIF	1	1.570	1	1.570

5.4　进一步分析

5.4.1　按不同的金融业态分组回归分析

由于我国采取典型的分业经营模式，包含银行业、证券业、保险业和除前面三者之外的其他金融业中在内的不同业态差异十分显著。因此，本研究进一步按不同的金融业态分组进行分析。表 5-7 列出了部分业态的回归结果，之所以不全部列出来，是因为不是所有业态的回归结果都具有统计意义。

本研究发现，银行业和保险业参与精准扶贫对其企业绩效的影响不显著，比如第（1）列列出的结果，虽然有正向影响，但不显著。证券业和其他类金融机构参与精准扶贫对其企业绩效有显著的正向影响。本研究认为，在所有的金融业态中，银行业和保险业成立时间早，品牌知名度相对比较高，企业影响力较大，因而是否参与扶贫对企业绩效的影响是不显著的。并且由于知名度相对较高，就更可能被赋予更多的企业社会责任，对企业经济绩效的影响反而相对不明显。而对成立时间相对不长、知名度相对较弱的证券业和其他类金融机构则相反，这些金融机构通过积极参与精准扶贫，一方面可以改善企业在公众心里的形象，提高企业的品牌知名度，扩大企业的影响力，可以有效促进企业绩效的提高；另一方面，金融机构参与精准扶贫，是积极响应国家政策的直接表现，可以获得当地政府的肯定与支持，从而获得一定的税收减免与财政补贴，提升企业绩效（张曾莲等，2020）。

表 5-7 按不同的金融业态分组回归结果

变量	银行业		证券业			其他金融机构类			
	ROA	KCXZZL	KCXZZL	ROE		KCXZZL		ROE	
	(1)	(2)	(3)	(4)	(5)	(6)	(7)	(8)	(9)
lnFP	0.001	0.003**	0.002	0.005***	0.003*	0.040***	0.027	0.086***	0.068*
	(0.289)	(0.043)	(0.204)	(0.005)	(0.086)	(0.004)	(0.156)	(0.001)	(0.051)
size	1.589E-16*		6.714E-14***		6.368E-14***		-7.360E-13		-1.539E-12
	(0.054)		(0.000)		(0.000)		(0.172)		(0.111)
HXJH	0.001		-0.005		-0.005		0.208**		0.364**
	(0.872)		(0.726)		(0.719)		(0.027)		(0.028)
year	0.001***		0.001		-0.001		0.005		0.019
	(0.007)		(0.377)		(0.232)		(0.527)		(0.225)
LEV	0.040***		-0.056		-0.034		1.448		1.510
	(0.010)		(0.114)		(0.375)		(0.712)		(0.827)
JR1	-8.666E-5		-0.002		0.001		-0.071		-0.088
	(0.957)		(0.804)		(0.947)		(0.126)		(0.272)
DDB	-0.003		-0.050		-0.056		-1.324***		-2.602***
	(0.734)		(0.334)		(0.321)		(0.007)		(0.004)
WYH	0.001**		-0.006		0.001		-0.083		0.175*
	(0.030)		(0.232)		(0.798)		(0.146)		(0.086)

续表

变量	银行业	证券业				其他金融机构类			
	ROA	KCXZZL		ROE		KCXZZL		ROE	
	(1)	(2)	(3)	(4)	(5)	(6)	(7)	(8)	(9)
top1	−0.006* (0.092)	0.018* (0.080)	0.045** (0.009)		0.050*** (0.007)		−0.153 (0.462)		−0.343 (0.352)
GY1	0.002** (0.015)		0.002 (0.662)		0.005 (0.324)		−0.057 (0.322)		−0.129 (0.206)
截距项	−0.038** (0.014)		0.099*** (0.003)	0.023** (0.036)	0.062* (0.083)	−0.161** (0.023)	0.593** (0.036)	−0.413*** (0.002)	−0.017 (0.756)
观测值	98	159	159	159	159	27	27	27	27
R^2	0.255	0.026	0.264	0.049	0.274	0.291	0.253	0.361	0.263
F	2.979*** (0.003)	4.170** (0.043)	5.315*** (0.000)	8.089*** (0.005)	5.580*** (0.000)	10.279*** (0.004)	9.813*** (0.000)	14.139*** (0.001)	5.165*** (0.002)
D-W	1.923	1.387	1.439	1.435	1.400	2.088	2.045	2.040	2.071
VIF	2.332	1	1.573	1	1.573	1	2.021	1	2.021

5.4.2 按金融机构的不同扶贫方式分组回归分析

由于金融机构可以采取不同的方式进行精准扶贫，可细分为：产业发展脱贫投入（CHY）、教育脱贫投入（JY）、转移就业与易地搬迁脱贫投入（JYE）、健康及生态保护扶贫投入（JK）、兜底保障与社会扶贫投入（DD）以及其他项目投入等。因此，本研究对不同的扶贫方式对企业绩效的影响做了分析。表5-8列示了按金融机构的不同扶贫方式分组的回归结果。其中，第（1）列和第（2）列分别列示了产业发展脱贫投入（CHY）、教育脱贫投入（JY）精准扶贫对企业绩效的影响，第（3）和第（4）列列示了转移就业与易地搬迁脱贫投入（JYE）金融机构精准扶贫对企业绩效的影响。

研究发现，金融机构在采取不同的精准扶贫方式扶贫时，对其绩效影响差异较大，通过转移就业与易地搬迁脱贫方式（JYE）扶贫时，在不考虑控制变量的影响时［第（3）列］，系数为0.013，在10%水平下显著，在考虑控制变量的影响后［第（4）列］，系数也为0.013，也同样在10%的水平上是显著的，也就是说，通过转移就业与易地搬迁脱贫方式扶贫对金融机构的绩效有较明显的正向影响作用。然后是通过产业发展脱贫方式（CHY），在不考虑控制变量的影响时［第（1）列］，系数为$1.132E-8$，在10%水平下显著，但是当考虑控制变量的影响后，系数不再显著，说明综合来看，金融机构通过产业发展脱贫方式对其企业绩效的影响是不太显著的。其他方式都不太显著。本研究认为，由于兜底保障与社会扶贫投入很多是直接给予资金支持，解决最贫困人口的生存和生活问题，短期的效果最为明显，而诸如产业和教育等扶贫方式，更注重的是长期的扶贫效果，因此，短期内对金融机构的绩效影响就不显著。

表 5-8　按金融机构的不同扶贫方式分组回归结果

变量	KCXZZL			
	（1）	（2）	（3）	（4）
CHY	1.132E−8*			
	(0.067)			
JY		2.339E−7		
		(0.131)		
JYE			0.013*	0.013*
			(0.081)	(0.054)
size				2.085E−15***
				(0.008)
HXJH				0.026**
				(0.033)
year				0.001
				(0.419)
LEV				0.080***
				(0.001)
JR1				−0.021***
				(0.010)
DDB				−0.245***
				(0.000)
WYH				0.009***
				(0.007)
top1				0.012
				(0.501)
GY1				0.012**
				(0.035)

续表

变量	KCXZZL			
	(1)	(2)	(3)	(4)
截距项	0.057***	0.057***	−0.055***	−0.006
	(0.000)	(0.000)	(0.000)	(0.854)
观测值	300	300	300	300
R^2	0.011	0.008	0.010	0.274
F	3.388*	2.297	3.060*	10.887***
	(0.067)	(0.131)	(0.081)	(0.000)
D-W	1.864	1.868	1.888	1.897
VIF	1	1	1	1.566

5.5 研究结论与启示

5.5.1 研究结论

本研究以金融机构为研究样本,从理论和实证的角度对金融机构参与精准扶贫对金融企业价值的影响进行了分析。结果表明:金融机构参与精准扶贫对其绩效有正向影响;细分业态来看,银行业和保险业影响不显著,证券类金融机构和其他类金融机构正向影响显著;从金融扶贫的方式来看,转移就业与易地搬迁脱贫投入对金融机构的绩效有显著正向影响,产业发展脱贫投入、教育脱贫投入对金融机构的绩效有一定正向影响,健康及生态保护扶贫投入、兜底保障与社会扶贫投入对金融机构的绩效影响不明显。

5.5.2 研究启示

基于前面的研究,可以得到四点启示:第一,金融机构应积极响应国家政策号召，积极参与精准扶贫履行社会责任，这可能会导致短期内企业成本上升，但社会会给予企业积极的回应，对企业的认可度更高，企业得到的回报则反而可能是企业可持续增长率和财务绩效的提高；第二，金融机构要努力改善公司治理机制，比如董事长与总经理最好不要合二为一，尽量形成权力的有效制衡，强化独立董事真正的独立性，尽量设立包含审计委员会、战略委员会、提名委员会、薪酬与考核委员会等委员会在内的内部控制机制；第三，应高度重视证券类金融机构和其他类金融机构精准扶贫的作用，给予充分的政策支持，提升全社会的经济发展水平；第四，应灵活运用多种精准扶贫方式，尤其是需要高度重视产业发展脱贫、教育脱贫、健康及生态保护扶贫等短期效果不明显的精准扶贫模式，应充分开展相应金融产品的研发，把提升金融企业的绩效与构建贫困解决长效机制结合起来。

由于 2016 年之后我国才逐步展开对精准扶贫信息的披露工作，所以时间窗口太短，并且公司绩效中这些财务指标很难体现金融机构参与精准扶贫对金融机构长期绩效的影响。因此，如何扩展时间窗口以及如何体现长期绩效是后续研究值得继续探究的问题，为精准扶贫以及今后的相对贫困问题构建更合理的解决方案。

第 6 章　金融支持与相对贫困缓解的实证分析

6.1　基于恩格尔系数的金融缓解实证分析

恩格尔系数通常是指食品消费支出额与总消费支出额的比率，是相对贫困的衡量指标之一。在理论分析的基础上，以中国家庭追踪调查（CFPS）2018 年数据，实证分析金融对家庭相对贫困的影响。研究发现：正规金融与非正规金融都显著地缓解了家庭相对贫困，并且对中低收入家庭的缓解效果更为明显，同时二者存在显著的互补效应；正规金融缓解城镇家庭相对贫困的程度相对较高，非正规金融在乡村家庭中的缓解作用相对显著；机制检验结果发现，金融支持主要通过直接提升金融可获得性的直接渠道，以及提升家庭成员外出务工机会和实际外出务工经历的间接渠道，达到减轻家庭相对贫困的目的。因此，促进正规金融和非正规金融的协调发展，有利于今后相对贫困的缓解，实现总消费增加而食品消费占比变小的新消费格局。

6.1.1　引言

人类历史上，贫困的治理主要经历了和正在经历着绝对贫困治理和相对贫困治理两大阶段，贫困的内涵和内容也一直在发生着变化：比如由早期的注重物质贫困的研究逐渐转向关注能力贫困、权利贫困等（Sen，

1982）。英国经济学家 Malthus（1798）较早地对贫困问题进行了研究，认为"贫困自身是贫困的原因"。随着人类生活水平变化、经济增长以及欧洲福利国家的建设，贫困的认定标准逐步从绝对贫困转向相对贫困。Galbraith（1958）最早涉及相对贫困问题的研究，认为"一个人是否贫困不仅取决于本人的收入，还取决于社会中其他人的收入"。Townsend（1979）对相对贫困进行了明确的界定，认为相对贫困实际上是由于"相对剥夺"的存在，指出相对贫困包含社会排斥与社会剥夺的因素。Sen（1999）则用"能力贫困"来解释相对贫困，主张以"可行能力剥夺"来看待贫困。因为"贫穷陷阱"的存在，Sachs（2005）等认为外来援助对脱贫作用重大；而 Easterly（2001）、Moyo（2009）等认为不存在"贫穷陷阱"，对外来援助持悲观态度，认为脱贫更应该自力更生。Sen（1999）认为金融反贫困是一种可行且有效的模式之一。Navick（2020）等发现，反贫困实践中，如何提高低收入群体的金融可得性是关键因素之一。方舒等（2021）认为应从政策环境层面丰富相应的金融机会，要以金融能力为核心概念的金融社会工作作为反贫困实践的新动能。

　　得益于国家的精准扶贫政策，我国在现行标准下绝对贫困的脱贫攻坚任务已于 2020 年基本完成，新时代的贫困治理将以相对贫困为核心。对于相对贫困，更宜采用开发式扶贫，也即"造血"式扶贫，以市场化为特征的金融扶贫符合"造血"式扶贫的本质要求。对于金融扶贫的重要性，习近平总书记也在各种重要场合多次提到：在 2015 年 11 月的中央扶贫开发工作会议上，习总书记强调要重视金融扶贫；在 2017 年 2 月的中共中央政治局第三十九次集体学习时，强调要加强金融扶贫的力度；在 2017 年 7 月的全国金融工作会议上，强调要建设普惠金融体系，推进金融精准扶贫。党的十九大报告指出，为了在 2020 年实现全面脱贫的宏伟目标，强调鼓励和引导各类金融机构支持扶贫工作等。2021 年，我国脱贫攻坚战取得全面胜利，"巩固成效、深化提质"成为新主题。党的十九届四中全会明确提出要"巩固脱贫攻坚成果，建立解决相对贫困的长效机制"；党的十九届五中全会发布的《国民经济和社会发展第十四个五年规划和 2035 年远景目标纲要》提出要"实现巩固拓展脱贫攻坚成果同乡村振兴有效衔接",强调"严格落实'摘帽不摘责任、摘帽不摘政策、摘帽不摘帮扶、摘帽不摘监管'要求",再度提出要"建立健全巩固拓展脱贫攻坚成果长效机制"。而长效机制的构建只有基于市场化的方式才可以持续,因此,在今后的相对贫困治理中,金融机制应该得到更大程度的重视。

本部分内容的边际贡献可以归纳为以下两点:一是从金融的视角研究相对贫困的缓解。有关贫困问题的研究已经很丰富了,但基本上都是研究绝对贫困问题的,针对相对贫困的研究较少,并且以财政扶贫为主要研究的居多,即主要是通过国家财政转移支付等单向"付出型"扶贫方式为主,以市场方式追求既有付出又有回报的"双向型"扶贫方式即金融扶贫方式相对较少;并且本研究把正规金融与非正规金融纳入同一个研究框架下,实证分析金融对缓解家庭相对贫困的影响,避免了多数论文只研究正规金融的缺陷。二是通过大样本考察了金融支持与家庭相对贫困的影响,避免了有些研究小样本可能导致的"伪回归"问题。本研究基于2018年中国家庭追踪调查(CFPS)数据,样本涉及全国居民家庭,研究结论相对更为稳健。

6.1.2　理论分析与假设提出

1. 正规金融与相对贫困

正规金融资源的获取与财政资源的获得最大的区别是获得资金方的成本差异,以市场化方式获得的银行等正规金融资源需要付出成本。由于商业银行等正规金融机构其本身具有规模与成本优势,能够通过金融机构之间的有序竞争来缓解城乡家庭为改变贫困面貌而从事生产经营的融资约束,提高其收入增加能力并因此缓解家庭贫困。金融发展的关键在于挑选出真正具有企业家精神的创业者及真正有盈利前景的投资项目,并提供一系列金融支持服务(沈红丽,2019)。也正因为此,方能根除"等、靠、要"的思想,真正形成解决贫困的内生动力。丁志国等(2011)的研究表明,农村金融发展对农民减贫既可以发挥"输血"式的直接扶贫效用,又可以是

"造血"式的以促进收入分配以及社会经济发展为目的来间接实现扶贫。刘雨松等（2018）认为家庭获得银行等正规金融信贷以及银行等分支机构的扩张有助于提升其家庭收入。

随着社会经济的发展，以及人工智能、大数据、互联网等现代信息技术的更迭，现代金融的发展方式不断丰富，助推金融在治理相对贫困上发挥作用。数字金融、区块链金融等，成为我国金融发展的新引擎和缓解相对贫困的重要工具。数字金融总体上有利于贫困的缓解，并且有学者对数字金融作用于减贫的方式做了探究，认为其可以通过直接拓宽信贷获得渠道、增加信贷可获得性能等方式减缓贫困（黄倩等，2019；周利等，2021）。吴静茹等（2021）亦指出，数字金融可以较长期稳定地缓解相对贫困，且对于不同收入、不同教育水平群体的缓解作用存在差异性。这为治理相对贫困提供了一定思路，即可以加强对贫困群体的教育，提高他们自身的教育水平，以弥补因此而造成的金融素养低下。Geda 等（2006）认为要放宽正规金融市场对穷人的信用限制，使穷人可以直接参与更多的金融活动，通过提高穷人的未来收入达到直接减少贫困的作用。董晓林等（2021）的研究表明，农村的传统金融以及新时代下的数字金融两种参与形式都对农村多维相对贫困有缓解作用，且数字金融参与是在传统金融的基础上进一步提升的结果。两种不同形式的金融服务优势互补、双管齐下，共同缓解农村的相对贫困。基于这些分析，本书提出假设 1。

假设 1：正规金融的资金支持有利于缓解家庭相对贫困。

2. 非正规金融与相对贫困

非正规金融基于人缘、地缘、业缘等关系而形成，在熟人社会具有信息优势和较高的效率，其隐形担保机制能有效克服道德风险和逆向选择问题，对资金的投向和使用具有较高的执行效率（沈红丽，2019）。因为商业银行等正规金融出于风险等因素考虑，放贷过程具有严格的审批流程，表现出"监管严格、条件要求高、审核期长"等特点，容易导致融资需求得不到满足，此时，民间借贷等非正规金融就出现了，填补了融资需求得不到满足的部分空缺。所以，非正规金融往往是作为正规金融的替补而存在的。在消除绝对贫困的背景下，对于相对贫困群体而言，由于其自身的资金、资产等条件限制，往往难以获得正规金融机构提供的借贷等金融服务，而民间金融作为民间资金流通的一种方式，是无法获得正规金融服务的群体获得金融服务的一种渠道。

非正规金融作为普通家庭的重要资金来源，比如亲友借贷，能显著地提高家庭信贷资金的可获得性。Imaietal（2012）通过分析小额贷款规模与发展中国家贫困指数的关系，发现小额贷款总量的增加会带来贫困指数的降低，即表明小额贷款机构的发展可以助力贫困缓解。苏静（2013）和许庆（2016）通过对农村民间金融发展与贫困缓解的关系进行分析，认为民间金融发展对农村相对贫困缓解具有助力作用。为此，本研究提出假设2。

假设2：非正规金融的资金支持有利于缓解家庭相对贫困。

3. 正规金融、非正规金融与相对贫困

正规金融与非正规金融对缓解家庭相对贫困都存在重要作用，并且两者之间可能存在着互补效应和替代效应。前者体现为两者优势互补，借款家庭可以同时获得正规金融和非正规金融的支持；后者主要体现为正规金融要求门槛高，满足不了银行等正规金融资金借贷条件的家庭不得已借助非正规金融进行融资。同时，由于非正规金融依赖于地缘、亲缘、业缘等发展业务的同时也局限了其业务规模，在家庭业务、消费等壮大后，非正规金融满足不了其资金需求，而不得不求助于正规金融，此种情形都属于替代效应。由于金融的这两种形态并不是非此即彼的关系，现实中也是共生共荣，因此，互补的效应可能性更大。比如普惠金融就表明两种是优势互补。

普惠金融包含正规和非正规金融在内。普惠金融的"普"与"惠"分别代表着其广泛性和有效的金融服务，其具备的普及性、可得性、包容性等特征可以惠及社会各阶层，尤其是可以为中小微企业以及贫困人口带来恰当有效的金融服务。普惠金融是实现金融扶贫的具体方式（杜晓山，2017）。普惠金融程度的提高，使得更多低收入阶层的人能够获得金融贷款服务和其他金融优惠政策，使其有多余资金从事生产、消费及投资活动，从而增加收入，降低贫困率，降低收入不平等。普惠金融已经发展成了经济发展的内生新动力，利用其缓解相对贫困已成为一种新型扶贫方式（巩艳红 等，2021）。杨艳琳等（2019）通过综合分析家庭追踪调查数据及其他相关统计数据，发现普惠金融的发展可以直接改善农村地区的多维相对贫困情况。因此，正规金融和民间金融作为金融体系的两大组成部分，相辅相成，共同发展，发挥着促进经济社会发展的作用。因此提出假设 3。

假设 3：金融对不同家庭相对贫困的缓解效果可能是替代效应，也可能是互补效应，或者两种效应均存在。

6.1.3　研究设计

1. 模型设计

由于本研究探讨的是金融支持对家庭相对贫的缓解效应，理论上，可以采用线性回归面板固定效应模型来进行检验。根据前面的分析以及已有相关文献的研究，建立模型如下：

$$EC_i = \beta_0 + \beta_i * finance + \sum \beta_n * controls + \alpha + \xi \qquad (6.1)$$

其中，被解释变量 EC（engel's coefficient）为样本家庭 i 的恩格尔系数，作为相对贫困的衡量指标；自变量是金融变量 finance，分为正规金融和非正规金融；controls 是控制变量，主要包括户主个人、家庭、社会以及政府等几个层面的特征变量；β_i 为待估参数；α 为家庭个体固定效应；ξ 为随机扰动项。其中，交叉项的 β 表示二者对相对贫困缓解的效应（若值为正，则是互补效应；反之，则为替代效应）。同时，本研究把非正规金融再细分为亲友借贷（一般无须担保或抵押且往往没有利息）和民间借贷（一般需要担保或抵押且利息较高）。

但是，正如周强等（2019）、张亦然（2021）等的研究，使用面板固定效应模型面临着一个内生性问题，即无法控制金融支持与各地区经济发展水平之间的内生性。存在这样一种可能，即经济发展水平好的地区，金融支持的可能性大。这些地区家庭的恩格尔系数本就低于平均水平，并非由金融支持所导致。因此，为准确地估计金融支持的减贫效应，需要为金融支持寻找合适的工具变量 IV（instrumental variable）缓解可能存在的内生性问题。理论上，一个好的工具变量应同时满足相关性和外生性的要求，即这一工具变量与金融支持高度相关，可以解释金融支持的这一变化。此外，该变量对居民家庭的恩格尔系数的影响均是通过金融支持这一途径产生的，不会直接或间接地影响居民家庭的贫困状况，满足外生性的要求。

对于非正规金融，其通常内生于老百姓日常生活之间，因此也有人称其为民间金融。民间金融资源的获取不像正规金融那么规范，其更多的是建立在地缘、血缘等乡土社会的基础之上，更多的是基于道德、社会关系而非仅基于经济能力。因此，参照相关文献，本研究认为非正规金融与相对贫困之间不存在严重的内生性问题（王汉杰 等，2018）。

对于正规金融支持，借鉴张亦然（2021）和王汉杰等（2018）的研究，本研究考虑将"省域金融机构人均经营性贷款额"（loan prov）与"家庭所在地到所在县城的地理距离（distance）"的乘积作为正规金融支持的工具变量。原因在于从全国范围看，省域金融机构人均经营性贷款额能够较好地反映出该地区的正规金融资源投放力度，这与人均正规金融借贷额存在较强的正相关性，满足相关性要求；并且单个家庭的收入水平不足以影响到省域层面的金融机构的资源投放力度，满足外生性假设。此外，考虑到本研究所用到的样本区间在 2018 年以后，此时全国的交通网络以及通信网络基本铺设完成，距离越近，越容易被金融机构所提供的服务覆盖到，而地理距离是外生既定的，不受家庭经济水平的影响。具体见式（6.2）：

$$Z = \text{loanprov} * \text{distance} \tag{6.2}$$

工具变量回归的方程如下。

第一阶段回归：

$$\text{finance} = \beta_0 + \beta_i * \text{IV}_i + \sum \beta_n * \text{controls} + \alpha + \xi \tag{6.3}$$

第二阶段回归：

$$\text{EC}_i = \beta_0 + \beta_i * \overline{\text{finance}} + \sum \beta_n * \text{controls} + \alpha + \xi \tag{6.4}$$

其中，第一阶段的方程得到核心解释变量中能够被工具变量解释的部分，将这部分带入二阶段的回归中，即得到了不存在内生性的准确的回归结果。

2. 数据来源

本书所采用的数据来源于中国家庭追踪调查数据库（CFPS）。这一数据库由北京大学社会科学调查中心建立，其目的在于通过跟踪收集全国范围内居民个体、家庭、社区（村庄）三个层面的数据，反映出中国社会、经济、人口等方面的变迁事实，为学术研究和公共政策分析提供数据基础。由于贫困问题是随着时间的变化而变化的，特别是相对贫困是我国目前最直接面临的问题，因此，采用目前能获得的最新数据即 CFPS 2018 年的数据进行研究。由于数据库中家庭层面和个体层面的数据是分开的，为此，依据家庭 ID 号进行关联，把两组数据统一起来，剔除掉数据缺失的样本，最终样本量为 6 223 个。

3. 各变量指标的选取

第一，因变量的选取。相对贫困的衡量指标有多种选择，其选取指标并未统一，本研究采用恩格尔系数代表样本家庭的相对贫困状况。恩格尔系数 EC（engel's coefficient）通常是指食品消费支出总额与消费支出总额的比率。之所以选用恩格尔系数来衡量相对贫困，主要是因为贫困程度以食物支出进行衡量是国际通用做法，更重要的是恩格尔系数可以提供一种相对性（张亦然，2021）。因为与绝对贫困线相比较，以比率体现的恩格尔系数不受物价水平、时间变化等因素的影响，具有更好的横向可比性。

第二，自变量的选取。由于本研究的研究目的是探讨金融支持对缓解相对贫困的影响，因此，自变量为金融支持，具体分为正规金融与非正规金融。分别将"是否有家庭待偿银行贷款额"以及"家庭待偿银行贷款额"（稳健性分析）作为正规金融替代指标，将"是否有亲友和民间借款"以及"待偿亲友借款额与待偿民间借贷额"之和（稳健性分析）作为非正规金融替代指标。

第三，控制变量的选取。对于缓解相对贫困的影响，其因素是多方面的，所以有必要在分析过程中加入控制变量。本研究借鉴沈红丽（2019）、王汉杰等（2018）的研究范式，本研究选取个人层面、家庭层面、社会层面以及政府层面等作为控制变量。各变量定义及计量见表 6-1。

表 6-1　变量符号及含义

变量类型	变量维度	变量名称	含义内容或计量方式
因变量	相对贫困	恩格尔系数	食品消费总额/消费支出总额
自变量	金融支持	正规金融	(1) 有＝1，无＝0
			(2) 实际数值（待偿银行贷款）
		非正规金融	(1) 有＝1，无＝0
			(2) 实际数值（待偿亲友借款额与待偿民间借贷额之和）
		亲友借贷	(1) 有＝1，无＝0
			(2) 实际数值
		民间借贷	(1) 有＝1，无＝0
			(2) 实际数值
控制变量	个人层面	户主年龄	实际数值
		户主性别	男性＝1，女性＝0
		最近一次调查最高学历	1＝（半）文盲，2＝小学，3＝初中，4＝高中，5＝大专，6＝本科，7＝硕士及以上
		户主婚姻状况	在婚＝1，离、丧、未婚＝0
		户主政治面貌	是＝1，否＝0
	家庭层面	家庭人口规模/个	实际数值
		家庭金融资产	实际数值的对数
		家庭做饭燃料	柴草＝1，煤炭＝2，罐装煤气＝3，天然气＝4，太阳能或电＝5
		家庭日常吃饭人数	实际数值
		家庭日常支出负担	每天同灶吃饭人口数/家庭总人口数
		家庭成员是否外出打工	是＝1，否＝0
		人均家庭纯收入	实际数值
	社会层面	是否为东部地区	是＝1，否＝0
		是否为中部地区	是＝1，否＝0
		是否为西部地区	是＝1，否＝0
		是否为城镇居民	基于国家统计局资料的城乡分类城镇＝1，乡村＝0
		是否收到社会捐助	实际数值
	政府层面	是否收到政府补助	实际数值

6.1.4　实证分析

1. 描述性统计

表 6-2 列示了所有变量的描述性统计结果。可以看出，被解释变量相对贫困指标恩格尔系数的最小值为 0.005 9，最大值为 1，均值为 0.377 4，按照联合国对世界各国的生活水平的划分标准，样本中恩格尔系数均值处于相对富裕阶段，离富裕还有一小段距离[①]。

表 6-2　变量的描述性统计

变量	样本量	均值	标准差	最小值	最大值
恩格尔系数	6 223	0.377 4	0.193 0	0.000 6	1
正规金融	6 223	0.078 3	0.268 6	0	1
	6 223	7 264.70	67 368.47	0	2 800 000
非正规金融	6 223	0.128 7	0.334 9	0	1
	6 223	7 826.38	70 830.52	0	5 000 000
亲友借款	6 223	0.122 9	0.328 4	0	1
	6 223	6 539.50	30 348.41	0	530 000
民间借贷	6 223	0.012 9	0.112 7	0	1
	6 223	1 286.88	63 794.43	0	5 000 000
户主年龄	6 223	55.90	11.95	19	93
户主性别	6 223	0.610 6	0.487 6	0	1
最近一次调查最高学历	6 223	2.493 0	1.249 1	1	7
户主当前婚姻状态	6 223	0.871 3	0.334 9	0	1
户主是否共产党员	6 223	0.129 2	0.335 4	0	1

---

①　联合国根据恩格尔系数的大小，对世界各国的生活水平设定了一个划分标准：一个国家的平均家庭恩格尔系数大于 60% 的为贫穷；50%～60% 的为温饱；40%～50% 的为小康；30%～40% 的为相对富裕；20%～30% 的为富裕；20% 以下的为极其富裕。

续表

变量	样本量	均值	标准差	最小值	最大值
家庭人口规模	6 223	3.847 8	1.930 3	1	21
家庭总金融资产	6 223	7.712 5	4.505 7	0	16.166 9
做饭燃料	6 223	2.773 7	1.471 0	1	5
家庭日常吃饭人数	6 223	3.338 9	1.694 0	1	21
家庭日常支出负担 吃饭人数占比	6 223	0.914 7	0.316 3	0.111 1	8
家庭成员 是否外出打工	6 223	0.396 4	0.489 2	0	1
人均家庭收入	6 223	24 260.02	56 256.02	0	1 858 333
东部地区	6 223	0.411 9	0.492 2	0	1
中部地区	6 223	0.301 5	0.458 9	0	1
西部地区	6 223	0.286 7	0.452 2	0	1
城乡家庭	6 223	0.429 4	0.495 0	0	1
社会捐助	6 223	0.014 1	0.118 1	0	1
社会捐助额	6 223	22.24	621.76	0	40 000
政府补助	6 223	0.500 4	0.500 0	0	1
政府补助额	6 223	1 206.02	4 767.31	0	132 300
首选借款非银行 正规金融机构	6 223	0.002 6	0.050 6	0	1
首选借款亲朋	6 223	0.578 3	0.493 9	0	1
首选借款银行	6 223	0.264 8	0.441 3	0	1

解释变量正规金融（2）和非正规金融（2）按额度衡量的标准差分别为 67 368.47 和 70 830.52，说明主动寻求金融支持力度在整个群体中有比较大的差距，其中只有 7.83% 的家庭从银行等正规金融（1）机构寻求金融支持，而寻求非正规金融（1）支持的占 12.87%，在寻求非正规金融支

持的家庭中，亲友借贷（1）占比 12.29%，民间借贷（1）为 1.29%。这与首选借款对象的调研结果是一致的：首选借款对象为非银行正规金融机构的占比为 0.26%，首选借款对象为亲朋的占比为 57.83%，首选借款对象为银行等正规金融机构的占比为 26.48%。

2. 实证结果分析

表 6-3 为金融支持即正规金融、非正规金融对缓解家庭相对贫困的回归分析结果。模型（1）表示正规金融、非正规金融以及其他控制变量对家庭相对贫困的影响；模型（2）在模型（1）的基础上加入正规金融与非正规金融的交叉项；借鉴沈红丽（2019）等的研究，在模型（3）中将非正规金融分为亲友借贷和民间借贷，分析正规金融、亲友借贷和民间借贷对缓解家庭相对贫困的影响；模型（4）在模型（3）的基础上加入正规金融与亲友借贷和正规金融与民间借贷的交叉项。

表 6-3 缓解家庭相对贫困的金融支持回归分析

变量	恩格尔系数			
	（1）	（2）	（3）	（4）
正规待偿银行贷款	−0.041 6***	−0.053 3***	−0.042 2***	−0.053 3***
	(0.009 0)	(0.010 7)	(0.009 0)	(0.010 6)
非正规待偿亲友及民间借款	−0.046 2***	−0.052 7***		
	(0.007 3)	(0.007 9)		
正规待偿贷款 *非正规待偿借款		0.039 6**		
		(0.019 4)		
亲友待偿借款			−0.040 0***	−0.047 2***
			(0.007 5)	(0.008 2)
民间待偿借款			−0.057 0***	−0.061 4**
			(0.021 2)	(0.023 7)
正规借款 *亲友借款				0.044 5**
				(0.020 2)

续表

变量	恩格尔系数			
	(1)	(2)	(3)	(4)
正规借款＊民间借款				0.012 0
				(0.053 4)
户主年龄	0.000 9***	0.000 9***	0.000 9***	0.000 9***
	(0.000 2)	(0.000 2)	(0.000 2)	(0.000 2)
户主性别	0.018 9***	0.018 7***	0.018 5***	0.018 3***
	(0.005 0)	(0.005 0)	(0.005 0)	(0.005 0)
最近一次调查最高学历	−0.003 3	−0.003 3	−0.003 2	−0.003 1
	(0.002 2)	(0.002 2)	(0.002 2)	(0.002 2)
当前婚姻状态	−0.015 3**	−0.015 6**	−0.014 8**	−0.015 1**
	(0.007 3)	(0.007 3)	(0.007 3)	(0.007 3)
是否共产党员	−0.003 2	−0.003 2	−0.003 4	−0.003 4
	(0.007 4)	(0.007 4)	(0.007 4)	(0.007 4)
家庭人口规模	−0.014 1***	−0.014 0***	−0.014 1***	−0.014 0***
	(0.003 5)	(0.003 5)	(0.003 5)	(0.003 5)
家庭总金融资产	0.000 4	0.000 3	0.000 4	0.000 4
	(0.000 5)	(0.000 5)	(0.000 5)	(0.000 5)
做饭燃料	0.002 3	0.002 3	0.002 2	0.002 2
	(0.001 7)	(0.001 7)	(0.001 7)	(0.001 7)
家庭日常支出负担吃饭人数	0.0073*	0.007 2*	0.007 4*	0.007 2*
	(0.004 0)	(0.004 0)	(0.003 9)	(0.004 0)
家庭日常支出负担吃饭人数占比	0.024 3*	0.024 2*	0.024 4*	0.024 3*
	(0.013 5)	(0.013 5)	(0.013 5)	(0.013 5)
外出打工	−0.000 2	−0.000 1	−0.000 1	−0.000 2
	(0.005 7)	(0.005 4)	(0.005 4)	(0.005 4)

续表

变量	恩格尔系数			
	(1)	(2)	(3)	(4)
东	0.029 2***	0.029 2***	0.033 0***	0.029 5***
	(0.005 7)	(0.005 7)	(0.005 7)	(0.005 7)
西	−0.014 8**	−0.014 7**	−0.014 5**	−0.014 3**
	(0.006 3)	(0.006 3)	(0.006 3)	(0.006 3)
城镇乡村	0.039 9***	0.039 6***	0.034 0***	0.039 7***
	(0.005 6)	(0.005 6)	(0.005 6)	(0.005 6)
社会捐助	−0.006 5	−0.006 7	−0.006 5	−0.006 6
	(0.019 9)	(0.019 9)	(0.019 9)	(0.019 9)
政府补助	−0.026 7***	−0.026 7***	−0.026 7***	−0.026 6***
	(0.005 2)	(0.005 2)	(0.005 2)	(0.005 2)
_ cons	0.335 5***	0.337 5***	0.333 2***	0.335 5***
	(0.022 7)	(0.022 7)	(0.022 6)	(0.022 7)
R^2	0.092 8	0.100 2	0.093 1	0.093 9
F 值	35.26***	33.64***	33.52***	30.61***
观测值	6 223	6 223	6 223	6 223

注："***""**"和"*"分别表示在 1%、5% 和 10% 的水平上显著；括号内为稳健标准误。下表同。

实证分析结果显示，无论是正规金融还是非正规金融，都能显著地缓解家庭的相对贫困，分别验证了假设 1 和假设 2。在把非正规金融细分成亲友借贷和民间借贷的情况下，亲友借贷和民间借贷同样能显著地缓解家庭相对贫困。

在模型（2）和模型（4）加入交叉项以后，结果并未对原本核心解释变量即正规金融、非正规金融的显著性产生影响，因此交叉项的加入是恰当的。正规金融与非正规金融和与亲友借贷的交叉项都显著为正，说明正规金融分别与非正规金融、亲友借贷存在互补效应，验证了假设 3。对比模型（2）和模型（1）发现，加入交叉项后，正规金融、非正规金融的系数明显增大（绝对值），说明由于正规金融和非正规金融的互补效应的存在，二者对缓解家庭相对贫困的作用更大。由模型（3）、模型（4）可知，非正规金融中的亲友借贷和民间借贷对缓解家庭相对贫困都存在显著影响，加入交叉项后，亲友借贷与正规金融存在显著的互补效应，使得正规金融、亲友借贷的系数明显增加（绝对值），而民间借贷与正规金融的互补效应不显著。这也说明了现阶段金融对缓解家庭相对贫困的现状：相对贫困的缓解依赖于金融的支持，正规金融与非正规金融的良性发展对缓解相对贫困作用显著，也同时表明在正规金融支持不能满足需求的情况下，更多的家庭不得不依靠非正规金融获取贷款，两者的互补效果比较好地缓解了家庭相对贫困，但正规金融与民间借贷之间的互补效果不显著，这可能与民间借贷利息太高不能缓解家庭相对贫困，反而可能加剧家庭相对贫困有关。

在控制变量中，户主有一个稳定的婚姻状态、家庭人口规模大、家庭所处为西部地区、收到政府补助等因素都能显著地缓解相对贫困程度，可能的原因是，稳定的婚姻状态和家庭人口规模大能促进家庭整体收入的增加；而西部地区家庭收入差距相对较低，因此相对贫困趋于缓和；户主年龄大、家庭日常支出负担大（日常在家吃饭人数及比例），以及家庭所处为东部地区等因素都显著地阻碍相对贫困程度的缓解。

3. 内生性分析

对于工具变量的相关性，一般认为，在工具变量一阶段回归当中，如果 F 检验的数值大于 10，那么可认定所选的工具变量与其所解释的内生变量之间存在着较强的相关性（Staiger et al.，1997；张亦然，2021）。在两阶段最小二乘法的回归结果中（见表 6-4），第一阶段中工具变量的估计系数统计显著异于 0，F 值为 19.06，大于 10，在 1% 水平上显著，因此可以判定所选工具变量具备相关性要求。第二阶段中，正规金融在 5% 的水平上显著为负，此外，Hausman 检验和 Wald 检验都获得了通过，说明工具变量的选取符合要求。估计结果表明，在考虑内生性问题后，仍然支持正规金融和非正规金融显著缓解了家庭相对贫困的结论。

表 6-4 金融支持与相对贫困：两阶段最小二乘估计结果

变量	（1）第一阶段回归正规待偿银行贷款有无	（2）第二阶段回归恩格尔系数
IV 变量：经营性贷款乘到县城距离	0.000 5*** (0.000 1)	
正规待偿银行贷款		−0.316 6** (0.135 4)
非正规待偿亲友及民间借款	0.119 2*** (0.014 3)	−0.014 2* (0.018 2)
控制变量	是	是
R^2	0.077 2	
F 值	19.06***	
Hausman 检验		5.11***
Wald 检验		533.08***
观测值	6 223	6 223

4. 稳健性检验

为检验回归结论的稳健性，接下来用替换被解释变量的衡量方法，分别采用待偿银行贷款额和待偿亲友及民间借款额作为核心解释正规金融和非正规金融的衡量指标，被解释变量和控制变量保持不变，进行重新回归，回归结果如表 6-5 所示。结果表明正规金融和非正规金融都显著缓解了家庭相对贫困，与前文结论保持一致，说明本研究的回归结论具有稳健性。

表 6-5 稳健性检验

变量	恩格尔系数		
	（1）	（2）	（3）
正规待偿银行贷款额	−1.00e−07*** (3.50e−08)	−1.03e−07*** (3.50e−08)	

续表

变量	恩格尔系数		
	(1)	(2)	(3)
非正规待偿亲友及民间借款额	$-8.66\mathrm{e}-08^{***}$ (3.32e−08)		$-8.98\mathrm{e}-08^{***}$ (3.32e−08)
控制变量	是	是	是
R^2	0.0846	0.0836	0.0834
F 值	31.87***	33.31***	33.22***
观测值	6223	6223	6223

6.1.5 进一步分析

1. 异质性分析：按不同收入等级以及城乡分组

缓解家庭相对贫困金融支持的回归分析中，忽略了金融支持缓解相对贫困的行为对不同收入组家庭以及城乡家庭的异质性影响。那么，金融支持缓解相对贫困在不同家庭中是否存在差异？特别是对低收入家庭和农村是否有着积极的影响？这是本研究进一步关注的核心问题。表 6-6 和表 6-7 分别列示了按不同收入等级分组和城乡家庭分组的回归分析结果。表 6-6 显示，金融支持缓解相对贫困对不同收入组家庭产生了差异化效应，样本按照人均家庭纯收入分位数分成 4 组，分别为最低 25％、中下 25％、中上 25％和最高 25％。结果显示，正规金融、非正规金融都显著降低了最低 25％和中下 25％收入组家庭陷入相对贫困的可能性，而对中上 25％和最高 25％有显著缓解效果的分别是非正规金融和正规金融。可见，资金的边际效用在相对贫困治理效应上体现得很明显，贫困治理非常有必要厘清相对贫困人群，然后采取针对性措施精准扶贫。

表 6-7 显示，金融支持缓解相对贫困对城乡家庭都有显著影响，但正规金融和非正规金融对城乡家庭的影响程度还存在差异。在城镇家庭组中，正规金融缓解相对贫困的程度比非正规金融的程度高，而在乡村家庭组中

刚好相反，即非正规金融的作用更为显著。这与我国金融资源城乡二元结构配置差异相吻合，城镇家庭获取正规金融资源更为便捷，而农村家庭的非正规金融是建立在亲缘关系和长期信任基础之上，相比正规金融更易获得，非正规金融对家庭状况的影响反而更大。

表 6-6　按不同收入等级分组

变量	恩格尔系数			
	（1）最低	（2）中下	（3）中上	（4）最高
正规待偿银行贷款	−0.041 7**	−0.046 4***	−0.020 7	−0.040 6*
	(0.017 4)	(0.015 8)	(0.018 6)	(0.022 2)
非正规待偿亲友及民间借款	−0.051 2***	−0.057 8***	−0.036 0**	−0.028 1
	(0.012 3)	(0.012 5)	(0.015 3)	(0.022 0)
控制变量	是	是	是	是
R^2	0.072 0	0.096 1	0.124 4	0.125 7
F 值	7.96***	11.07***	12.73***	9.41***
观测值	1 762	1 789	1 541	1 131

表 6-7　按城乡分组

变量	恩格尔系数	
	（1）城镇	（2）乡村
正规待偿银行贷款	−0.068 0***	−0.031 5***
	(0.015 7)	(0.011 0)
非正规待偿亲友及民间借款	−0.032 5**	−0.051 7***
	(0.012 9)	(0.008 7)
控制变量	是	是
R^2	0.097 9	0.059 5
F 值	18.00***	13.97***
观测值	2 672	3 551

2. 机制检验

由前文研究结果可知，金融支持使样本家庭的恩格尔系数降低。然而，这一减贫效应通过何种机制和渠道发生并不明晰。在理论分析中，提到金融支持发挥减贫作用有两个渠道——直接渠道和间接渠道。因此，本研究将使用新的被解释变量替代前文回归中的恩格尔系数，来验证上述两种渠道，以此分析金融支持缓解相对贫困的作用机制。

第一，直接渠道。在这一部分，用"人均家庭纯收入"来替代上文回归中的被解释变量，受到的金融支持越多，代表金融可获得性越高，获得支持的家庭越容易脱离贫困，因此，以此考察金融支持缓解相对贫困的直接作用。表 6-8 的结果表明，正规金融能显著提升人均家庭纯收入，但非正规金融却相反。从系数大小可以表明，正规金融的正向作用要显著高于非正规金融的负向作用，整体效应能提升人均家庭纯收入。

表 6-8　人均家庭纯收入增加

变量	人均家庭纯收入		
	(1)	(2)	(3)
正规待偿银行贷款	0.207 8*** (0.043 5)	0.191 0*** (0.043 0)	
非正规待偿 亲友及民间借款	−0.089 6** (0.034 7)		−0.064 8* (0.034 3)
控制变量	是	是	是
R^2	0.268 2	0.267 4	0.265 5
F 值	133.78***	141.60***	140.23***
观测值	6 223	6 223	6 223

第二，间接渠道。金融环境好坏影响着家庭成员外出务工并进而影响到家庭的收入，外出务工机会和实际外出务工经历越多，获得收入的可能性越高，可间接减轻相应家庭的贫困状况。在这一部分，用家庭"外出打工经历"来替代上文回归中的被解释变量，以此考察金融支持缓解相对贫

困的间接作用。实证结果如表6-9所示，结果表明，非正规金融能显著提升家庭成员外出打工机会，但正规金融不明显。系数大小可以表明，非正规金融的正向作用要显著高于非正规金融的负向作用，整体效应能提升家庭成员外出打工机会。

表6-9　外出打工经历

变量	外出打工经历		
	（1）	（2）	（3）
正规待偿银行贷款	−0.015 9 （0.044 0）	−0.007 6 （0.021 1）	
非正规待偿亲友 及民间借款	0.044 0** （0.017 0）		0.042 1** （0.016 8）
控制变量	是	是	是
R^2	0.208 6	0.207 8	0.208 6
F 值	102.26***	108.53***	109.05***
观测值	6 223	6 223	6 223

6.1.6　研究结论与启示

1. 研究结论

以食品消费支出额与总消费支出额的比值来衡量的相对贫困，该比值越小代表越富有，如果能促进该比值降低，那么就表示相对贫困得以缓解，本研究的结果证实了良好的金融支持能有效地缓解相对贫困：第一，正规金融、非正规金融对家庭相对贫困缓解都具有显著的促进作用，二者之间存在显著的互补效应。第二，正规金融、非正规金融缓解相对贫困对不同收入组家庭存在差异化效应，对中低收入家庭缓解效果更为明显。第三，正规金融、非正规金融缓解相对贫困对城乡家庭都有显著影响，但在城镇家庭组中，正规金融缓解相对贫困的程度比非正规金融的程度高，而在乡村家庭组中刚好相反，非正规金融的作用更为显著。第四，机制检验结果发现，正规金融、非正规金融对家庭相对贫困的缓解主要基于两个渠道对家庭的恩格尔系数产生影响。其中，直接渠道使金融环境变好，受到的金融支持越多，金融可获得性得以提升，所获得支持的家庭越容易脱离贫困；第二个渠道是间接渠道，金融环境变好提升家庭成员外出务工机会和实际外出务工经历，可间接减轻相应家庭的贫困状况。

2. 政策启示

本书的研究具有重要的现实意义。党的十九届四中全会明确提出要"巩固脱贫攻坚成果，建立解决相对贫困的长效机制"。我国《国民经济和社会发展第十四个五年规划和 2035 年远景目标纲要》提出要"实现巩固拓展脱贫攻坚成果同乡村振兴有效衔接"，强调"严格落实'摘帽不摘责任、摘帽不摘政策、摘帽不摘帮扶、摘帽不摘监管'要求"，再度提出要"建立健全巩固拓展脱贫攻坚成果长效机制"。金融支持解决相对贫困是一种脱贫的典型方式，是促进消费和经济增长的有效力量。基于本书研究结论，容易得到以下政策启示：第一，在绝对贫困解决之后的相对贫困时期，各级政府可在不弱化财政扶贫的前提下，重点提升金融要素在脱贫中的作用，支持欠发达地区发展，减轻其贫困程度，缩小区域间发展差距。第二，由于正规金融与非正规金融均能显著促进缓解家庭相对贫困，且二者存在显著的互补效应，因此，要加强包括非正规金融在内的金融体系建设，提升金融可获得性。应鼓励正规金融充分利用其机构和网点优势，加大对一般家庭金融服务专营机构的建设力度；强化对非正规金融的有效监管和相应的政策支持，合理控制其风险，保证非正规金融机构的可持续发展，保持金融体系的合理运行，更好地助力相对贫困的解决。第三，继续推进人力资本的有序流动，营造良好的就业环境，合理有序地引导劳动力外出打工，以增加就业务工的方式提升家庭的整体收入水平。第四，强化对家庭相对贫困群体的识别，并且特别注重城市和农村家庭相对贫困群体的区分，再分别与正规金融及非正规金融匹配，合力缓解城乡家庭相对贫困，实现总消费增加而食品消费占比变小的新消费格局。

6.2　正规金融支持与家庭相对贫困缓解
——基于 PSM 模型的分析

6.2.1　研究设计

1. 研究方法和路径

金融支持对家庭相对贫困的缓解效应，理论上可以表示为金融支持与相对贫困减缓的因果关系，用回归方法就可以进行探讨。但是，正如周强等（2019）、张亦然（2021）的研究，家庭获取金融支持的行为并不是随机行为，而是受到所处社会经济金融环境以及家庭经济特征等影响，从而产生的自选择行为，并且我们也不可能将所有可能的变量都控制起来，从而在分析金融支持对相对贫困影响时面临着内生性问题。倾向得分匹配（PSM，propensity score matching）方法通过减少对函数形式设定的依赖，可以缓解函数形式错误设定所导致的内生性问题。因此本书采用 PSM 方法估计金融支持对相对贫困的缓解效应。

基于"反事实分析框架"（Rosenbaum P. R. et al.，1983），样本划分为：获得金融支持家庭（处理组）、没有获得金融支持家庭（控制组）。两组家庭的相对贫困差异程度可能由是否获得支持的不同造成，也可能是由家庭本身特征、社会关系等其他因素的不同造成，只有通过匹配，利用各种特征相似的观测样本，分析金融支持与否的家庭相对贫困减缓效应才有意义。PSM 的主要假设是两组家庭除了在获得金融支持方面的差异外，其他各方面特征均比较相似。具体步骤如下。

步骤一：分析家庭获得金融支持的影响因素。模型如下：

$$\ln\left(\frac{p_i}{1-p_i}\right) = \varphi(\boldsymbol{X}) + \xi_i = \varphi(\boldsymbol{H}_i,\ \boldsymbol{F}_i,\ \boldsymbol{S}_i,\ \boldsymbol{G}_i) + \xi_i \qquad (6.5)$$

其中，$p_i = P(T_i = 1 \mid X_i)$ 为家庭 i 金融支持的条件概率；X 是影响家庭金融支持行为的外生解释变量向量；H_i 是家庭户主特征向量；F_i 是家庭状况特征向量；S_i 是社会特征向量；G_i 是政府特征向量；ε_i 是服从正态分布的随机误差项；n 表示样本家庭户数。

步骤二：用处理组的平均处理效应（ATT）来估计获得金融支持与没有获得金融支持对家庭相对贫困缓解效应的影响。

$$ATT = E(\tau_i \mid T_i = 1) = E(Y_{i1} \mid T_i = 1) - E(Y_{i0} \mid T_i = 1) \quad (6.6)$$

其中，ATT 表示处理组的平均处理效应；$E(Y_{i1} \mid T_i = 1)$ 表示获得金融支持的家庭相对贫困减缓度，可以观测到；$E(Y_{i0} \mid T_i = 1)$ 表示获得金融支持的家庭在假设没有获得金融支持的情况下的相对贫困减缓度，为反事实结果，是不可观测的，而 $E(Y_{i0} \mid T_i = 1)$ 的替代指标则可通过 PSM 方法构造（Dehejia R. H. et al.）。由于本研究采用恩格尔系数作为相对贫困程度的衡量指标，恩格尔系数越小，表示相对贫困缓解效果越好，因此，ATT 为负才符合本研究的理论预期。

2. 各变量指标的选取

第一，因变量的选取。相对贫困的衡量指标有多种选择，其选取指标并未统一，本研究采用恩格尔系数代表样本家庭的相对贫困状况。恩格尔系数 EC（engel's coefficient）通常是指食品消费支出总额与消费支出总额的比率。之所以选用恩格尔系数来衡量相对贫困，主要是因为：贫困程度以食物支出进行衡量是国际通用做法；恩格尔系数可以提供一种相对性（张亦然，2021）。与绝对贫困相比较，以比率体现的恩格尔系数不受物价水平、时间变化等因素的影响，具有更好的横向可比性。

第二，处理变量的选取。由于本研究的目的是探讨金融支持对缓解家庭相对贫困的影响，因此，处理变量为金融支持。选择样本中"是否有家庭待偿银行贷款"，有银行贷款的家庭用"1"表示，没有银行贷款的用"0"表示。

第三，协变量的选取。对于缓解相对贫困的影响，其因素是多方面的，所以有必要在分析过程中加入协变量。本研究借鉴沈红丽（2021）、王汉杰等（2018）的研究范式，选取个人层面、家庭层面、社会层面以及政府层面等作为协变量。各变量定义及计量见表 6-10。

表 6-10　变量定义及计量

变量类型	变量维度	变量名称	含义内容或计量方式
因变量	相对贫困	恩格尔系数	食品消费总额/消费支出总额
处理变量	金融支持	待偿银行贷款	有＝1，无＝0
协变量	个人层面	户主年龄	实际数值
		最近一次调查最高学历	（半）文盲＝1，小学＝2，初中＝3，高中＝4，大专＝5，本科＝6，硕士及以上＝7
		户主婚姻状况	在婚＝1，离婚或丧偶或未婚＝0
		户主政治面貌	是＝1，否＝0
	家庭层面	家庭人口规模（个）	实际数值
		家庭总金融资产	实际数值的自然对数
		家庭做饭燃料	柴草＝1，煤炭＝2，罐装煤气＝3，天然气＝4，太阳能或电＝5
		家庭日常吃饭人数	实际数值
		家庭日常支出负担	每天同灶吃饭人口数/家庭总人口数
		家庭成员是否外出打工	是＝1，否＝0
		家庭人均纯收入	实际数值的自然对数
	社会层面	东部地区	是＝1，否＝0
		中部地区	是＝1，否＝0
		西部地区	是＝1，否＝0
		城乡居民	城镇＝1，乡村＝0
		社会捐助	收到＝1，否＝0
	政府层面	政府补助	收到＝1，否＝0

3. 数据来源

本研究所采用的数据来源于中国家庭追踪调查数据库（CFPS），这一数据库由北京大学社会科学调查中心建立，其目的在于通过跟踪收集全国范围内居民个体、家庭、社区（村庄）三个层面的数据，反映出中国社会、经济、人口等方面的变迁事实，为学术研究和公共政策分析提供数据基础。由于贫困问题是随着时间变化而变化的，特别是相对贫困是我国目前最直接面临的问题，因此，采用本研究开展时能获得的最新数据即 CFPS2018 年的数据进行研究。由于家庭层面和个体层面的数据在样本中是分开的，本书将家庭层面和个体层面的数据依据家庭 ID 号进行关联，剔除数据缺失的样本，最终样本量为 6 223 个。

6.2.2 实证分析

1. 描述性统计

本研究着重于对一些关键变量的关注，表 6-11 只列示了部分变量的描述性统计结果。可以看出，被解释变量相对贫困指标恩格尔系数的最小值为 0.005 9，最大值为 1，均值为 0.377 4，按照联合国对世界各国的生活水平的划分标准，样本中恩格尔系数均值处于相对富裕阶段。处理变量均值为 0.078 3，说明只有 7.83% 的家庭从商业银行等正规金融机构获得金融支持。有 39.64% 的家庭有家庭成员外出打工，说明劳动力转移需求比较大。在获取外界帮助的家庭中，只有 1.41% 的家庭获得社会捐助，而有一半多的家庭获得过政府补助，达到 50.04%，说明政府的转移支付力度覆盖面还是比较广的。

表 6-11　变量的描述性统计

变量	样本量	均值	标准差	最小值	最大值
恩格尔系数	6 223	0.377 4	0.193	0.000 6	1
金融支持	6 223	0.078 3	0.268 6	0	1
家庭成员是否外出打工	6 223	0.396 4	0.489 2	0	1
社会捐助	6 223	0.014 1	0.118 1	0	1
政府补助	6 223	0.500 4	0.5	0	1

2. 家庭获取金融支持的影响因素估计

根据方程式（6.5）来进行估计，结果见表 6-12。由家庭获取金融支持的影响因素估计结果可以看出，起到正向显著作用的因素包括：户主是共产党员（户主政治面貌）、家庭人数多（家庭日常吃饭人数）、人均家庭收入高（人均家庭收入）、西部地区家庭（西部地区）、获得过政府补助（政府补助）的家庭。即符合这些特征的家庭越容易获得银行的金融支持。其中西部地区家庭容易获得金融支持，这更说明在"一个都不落下"的精准扶贫策略下，银行不仅仅考虑经济效益，还把承担必要的社会责任纳入自己的经营决策里。起反向显著作用的因素包括：户主年龄大（户主年龄）的家庭、总金融资产高（家庭总金融资产）的家庭、家庭日常支出负担高（家庭日常支出负担）的以及城镇家庭（城乡居民）。即符合这些特征的家庭不容易获得银行的金融支持。其中总金融资产高的家庭和城镇家庭与其他家庭相比，反而获得金融支持的概率低，这可能是因为金融资源是稀缺的，在精准脱贫时代，金融资源由于追求社会效益最大化，更倾向于流向货币资金边际效用更大的相对贫困家庭，并且这些家庭的资金需求更有可能从其他金融渠道比如资本市场、民间金融等获取。

表 6-12　家庭获取金融支持的影响因素估计结果

变量	金融支持	变量	金融支持
户主年龄	-0.029^{***}	家庭日常支出负担	-1.632^{***}
户主最近一次调查最高学历	0.012	家庭成员是否外出打工	-0.092
户主婚姻状况	-0.138	家庭人均收入	0.354^{***}
户主政治面貌	0.29^{**}	东部地区	-0.111
家庭人口规模	-0.04	西部地区	1.02^{***}
家庭总金融资产	-0.046^{***}	城乡居民	-0.402^{***}
家庭做饭燃料	-0.009	社会捐助	-0.295
家庭日常吃饭人数	0.241^{**}	政府补助	0.312^{***}

注："***""**"和"*"分别表示在 1%、5% 和 10% 的水平上显著，下表同。（其中中部地区之所有没有出现在表内，是因为出现共线性问题从而没有纳入，在异质性分析共线性没有影响时，中部地区会被纳入分析。）

3. 假设检验

PSM 方法的实证分析结果要稳健的前提是，样本要满足共同支撑假设和平衡性假设等。因此，需要先进行相应的假设检验。

第一，共同支撑检验。根据家庭获取金融支持的影响因素估计结果计算家庭获得金融支持的条件概率拟合值，即家庭的倾向得分（PS）。共同支撑假设要求获得金融支持家庭（处理组）和没有获得金融支持家庭（控制组）的 PS 密度图有足够大的重叠。本书采用近邻法判断匹配质量。由图6-1 可以观察到获取金融支持与否对家庭相对贫困减缓匹配前处理组和控制组倾向得分的分布情况具有较大的差异，匹配后两组的概率密度函数图差异有了很大改善，说明匹配情况良好，满足共同支撑假设。

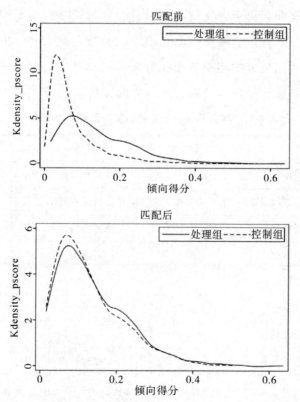

图 6-1　金融支持匹配前后倾向得分值的核密度函数分布

也可根据损失样本数来判断匹配质量：处理组损失样本为 1 个，匹配样本为 486 个；控制组损失样本为 413 个，匹配样本为 5 323 个。也就是说总共损失 487 个样本，相对于样本总量 6 223 而言，损失率为只有 7.83%，即大多数观测值都在共同取值范围内，样本损失比例较低，倾向得分匹配效果较好。

第二，平衡性检验。平衡性检验的目的是看匹配后各个变量的均值有没有明显差异。表 6-13 展示了匹配组（处理组和控制组）匹配后的结果。（1）首先从表 6-13 的均值（mean）可以发现，匹配前后各个变量的均值没有明显差异。（2）平衡后均值的偏差（看 bias%），平衡后偏差均小于 10%，一般认为大于 10% 才被认为是不平衡；而检验结果均值偏差最大为 8.3%，其他的都远远小于 10%。（3）看 p 值（或 t 值）。原假设是控制组与处理组没有系统性的差异，只要 $p > 0.05$（或 $|t| < 1.96$），就无法拒绝原假设，即可视为通过了平衡性检验。而检验结果 P 值最小的都达到 0.193，其他 P 值都远远大于 0.05（$|t|$ 值也全部小于 1.96）。因此，从这三个方面都可以认为本研究的样本符合平衡性假设。

表 6-13　平衡性检验

自变量	匹配状态	均值			标准偏差减少%	T 检验	
		处理组	控制组	bias%		T	$P > \|T\|$
户主年龄	匹配前	51.269	56.294	−43.3	91.2	−8.96***	0
	匹配后	51.317	51.759	−3.8		−0.62	0.538
户主最近一次调查最高学历	匹配前	2.488 7	2.493 4	−0.4	−428.9	−0.08	0.937
	匹配后	2.481 5	2.456 8	1.9		0.3	0.762
户主婚姻状况	匹配前	0.891	0.869 6	6.6	71.4	1.36	0.172
	匹配后	0.891	0.897 1	−1.9		−0.31	0.755
户主政治面貌	匹配前	0.154	0.127 1	7.7	−7	1.7	0.089
	匹配后	0.152 3	0.123 5	8.3		1.3	0.193
家庭人口规模	匹配前	4.622 2	3.782 1	44.3	86.8	9.28***	0
	匹配后	4.615 2	4.726 3	−5.9		−0.86	0.391

续表

自变量	匹配状态	均值			标准偏差减少%	T检验	
		处理组	控制组	bias%		T	P>|T|
家庭总金融资产	匹配前	7.085	7.765 8	−14.9	57.6	−3.2***	0.001
	匹配后	7.099 5	6.811 1	6.3		0.94	0.346
家庭做饭燃料	匹配前	2.650 9	2.784 2	−8.5	47.5	−1.92	0.055
	匹配后	2.654 3	2.724 3	−4.5		−0.67	0.504
家庭日常吃饭人数	匹配前	3.792 6	3.300 4	28.6	96.7	6.17	0
	匹配后	3.788 1	3.771 6	1		0.14	0.89
家庭日常支出负担	匹配前	0.838 1	0.921 2	−29.6	76.9	−5.58***	0
	匹配后	0.838 3	0.819 1	6.8		1.29	0.199
家庭成员是否外出打工	匹配前	0.505 4	0.382 7	23.9	75.6	5.12***	0
	匹配后	0.504 1	0.532 9	−5.8		−0.9	0.369
家庭人均收入	匹配前	9.587 8	9.564 3	2.3	−147.6	0.48	0.631
	匹配后	9.587 1	9.529	5.7		0.95	0.344
东部地区	匹配前	0.234 1	0.426 9	−41.9	93.6	−8.35***	0
	匹配后	0.234 6	0.246 9	−2.7		−0.45	0.653
西部地区	匹配前	0.556 5	0.263 8	62.3	100	13.92***	0
	匹配后	0.555 6	0.555 6	0		0	1
城乡居民	匹配前	0.312 1	0.439 3	−26.5	95.1	−5.46***	0
	匹配后	0.312 8	0.306 6	1.3		0.21	0.835
社会捐助	匹配前	0.014 3	0.014 1	0.2	−1 530.6	0.05	0.964
	匹配后	0.014 4	0.010 3	3.5		0.58	0.562
政府补助	匹配前	0.636 5	0.488 8	30.1	83.3	6.28***	0
	匹配后	0.635 8	0.660 5	−5		−0.81	0.421

4. 金融支持的家庭相对贫困缓解效应

在满足假设检验的基础上，本研究分别采用近邻匹配 1:1、近邻匹配 1:3、卡尺匹配、核匹配、样条匹配以及局部线性回归匹配等方法进行了分析，分析结果见表 6-14。研究发现，尽管不同的匹配方法得到不同的结果，但各方法测算结果没有太大差异，呈现明显的一致性，即获得金融支持的家庭相对贫困缓解的 ATT 效应在 1% 的统计水平下全部显著，说明结果是稳健的。因此可以认为，获得金融支持能有效缓解相对贫困，符合理论预期。

表 6-14　金融支持的家庭相对贫困缓解效应

变量	统计量	近邻匹配 1:1	近邻匹配 1:3	卡尺匹配	核匹配	样条匹配	局部线性回归匹配
相对贫困	ATT	−0.040 1***	−0.038 4***	−0.047 6***	−0.053 8***	−0.048 4***	−0.054 2***
	$T(Z)$ 值	−3.34	−3.98	−5.43	−6.27	−5.75	−4.51
	S. E.	0.012	0.009 9	0.008 8	0.008 6	0.008 4	0.012

注：卡尺匹配半径定为 0.01；核匹配使用系统默认的核函数和带宽；样条匹配的 Bootstrap 抽样次数设置为 500；样条匹配为 Z 值，其余为 T 值。

5. 异质性分析：按地区、城乡以及不同收入等级分组

表 6-15 为分别采用不同的匹配方法，对金融支持缓解相对贫困在不同地区、城乡以及不同收入等级家庭中是否存在差异进行的结果展示。结果显示，从不同区域来讲，整体上金融支持对缓解相对贫困的效应基本一致，都有显著的相对贫困缓解效应，只是程度稍微有不同而已，从 ATT 均值来看，减贫效应从高到低依次为中部、东部和西部地区。

从城乡减贫效应来看，金融支持缓解相对贫困对城乡家庭都有显著影响，但在缓解效应程度上，金融支持对城镇家庭的缓解效应更大，是农村家庭缓解效应的 2 倍。这可能是整体上来看，城镇平均可支配收入大于农村（农村家庭货币资金边际效用更大），农村家庭相对于城市家庭也就相对更为贫困，资金可能更多地用于满足基本生活需求，而相对贫困程度稍好的城镇家庭获得的资金可能更多地用于满足发展需求，从而带来更大的相对贫困缓解效应。

表 6-15 金融支持缓解相对贫困的异质性分析

变量	按地区分			按城乡分		按收入等级分			
	东部	中部	西部	城镇	农村	最低 25%	中下 25%	中上 25%	最高 25%
近邻匹配	-0.06**	-0.055**	-0.042**	-0.079***	-0.028*	-0.033***	-0.038**	-0.032	-0.036
	(0.025)	(0.027)	(0.016)	(0.02)	(0.015)	(0.023)	(0.023)	(0.025)	(0.028)
卡尺匹配	-0.053***	-0.062***	-0.045***	-0.074***	-0.038***	-0.045***	-0.053***	-0.032**	-0.029
	(0.018)	(0.018)	(0.02)	(0.014)	(0.011)	(0.017)	(0.015)	(0.019)	(0.023)
核匹配	-0.062***	-0.07***	-0.046***	-0.083***	-0.039***	-0.048***	-0.061***	-0.037**	-0.047**
	(0.017)	(0.018)	(0.012)	(0.014)	(0.011)	(0.016)	(0.015)	(0.018)	(0.021)
样条匹配	-0.047***	-0.064***	-0.046***	-0.072***	-0.038***	-0.048***	-0.054***	-0.028	-0.038*
	(0.016)	(0.018)	(0.012)	(0.014)	(0.011)	(0.017)	(0.016)	(0.019)	(0.021)
局部线性回归匹配	-0.056**	-0.068***	-0.048***	-0.079**	-0.041***	-0.051***	-0.059***	-0.033	-0.045
	(0.024)	(0.027)	(0.016)	(0.02)	(0.015)	(0.023)	(0.023)	(0.025)	(0.028)
ATT 均值	-0.056	-0.064	-0.045	-0.077	-0.037	-0.045	-0.053	-0.032	-0.039

注：近邻匹配为 1∶1 匹配，其余匹配方法设定同表 6-14，括号内数字为标准误，下同。

样本按照人均家庭纯收入分位数分成 4 组，分别为最低 25％、中下 25％、中上 25％和最高 25％。结果显示，金融支持对中低收入组家庭的相对贫困减贫效应非常显著，而对中高收入家庭效果不显著。可见，资金的边际效用在相对贫困治理效应上体现得很明显，贫困治理非常有必要厘清相对贫困人群，然后采取针对性措施精准扶贫。

6. 机制检验

由前文研究结果可知，金融支持能显著缓解家庭相对贫困。然而，这一减贫效应通过何种机制和渠道发生并不明晰。在理论分析中，提到金融支持发挥减贫作用的两个渠道——直接渠道和间接渠道。因此，本研究引入经济增长这个中介变量，通过以下方程（6.7）至方程（6.9），使用测度中介效应的三步法进行，以此分析金融支持缓解相对贫困的作用机制：

$$RP_i = c_0 + c * \text{finance} + \sum_{i=1}^{n} c_i * \text{controls} + \xi \tag{6.7}$$

$$M = a_0 + a * \text{finance} + \sum_{i=1}^{n} a_i * \text{controls} + \xi \tag{6.8}$$

$$RP_i = c'_0 + c' * \text{finance} + bM + \sum_{i=1}^{n} b_i * \text{controls} + \xi \tag{6.9}$$

其中，RP（relative poverty）样本家庭的相对贫困变量即前文的因变量；M 为中介变量，代表经济增长，用 2017 年各省的人均 GDP 值取自然对数值，之所以用 2017 年的 GDP 数据，原因是 CFPS 数据中得到的其他数据，其实际调研获取数据时间是 2017 年，为了数据时间的一致性，用 2017 年的 GDP 数据更为妥当（GDP 数据来源于国家统计局资料）；自变量 finance 为金融支持即前文的处理变量；controls 为控制变量即前文的协变量，主要包括户主个人层面、家庭层面、社会层面、政府层面等方面的特征变量；a_i、b_i、c_i 等为待估参数；a_0、c_0、c'_0 等为家庭个体固定效应；ξ 为随机扰动项。考虑到中介效应的可能性，在系数 c 显著的前提下，加入中介变量 M，来分析中介效应 $a * b$。计量结果见表 6-16。

表 6-16 的第（1）列显示的是模型（6.7）的回归结果，系数 c 为 -0.049，且在 1％水平下显著，说明金融支持能显著缓解相对贫困，金融

支持度增加 1%，相对贫困程度下降 4.9%。第（2）列显示的是模型 (6.8) 的回归结果，系数 a 为 0.039 8，且在 5% 水平下显著，说明金融支持对经济增长有显著正向影响，金融支持度增加 1%，经济增长增加 3.98%。第（3）列显示的是模型（6.9）的回归结果，系数 c' 为 −0.048 9，且在 1% 水平下显著，说明在控制了经济增长的前提下，金融支持依然能显著缓解相对贫困。系数 b 为 −0.001 7，但不显著。

表 6-16　经济增长（M）的中介效应

变量	(1) 相对贫困（模型 6.7）	(2) M（模型 6.8）	(3) 相对贫困（模型 6.9）
金融支持	−0.049*** (0.009)	0.039 8** (0.018 4)	−0.048 9*** (0.009)
M			−0.001 7 (0.006 2)
户主年龄	−0.001 1*** (0.000 2)	−0.001 4*** (0.000 2)	0.001 1*** (0.000 2)
户主最近一次调查最高学历	−0.001 (0.002 3)	0.007 4 (0.004 6)	−0.001 (0.002 3)
户主婚姻状态	−0.010 7 (0.007 3)	0.012 2 (0.015)	−0.010 7 (0.007 3)
户主政治面貌	−0.000 2 (0.007 4)	−0.034 6** (0.007 4)	−0.000 3 (0.007 5)
家庭人口规模	−0.013 5*** (0.003 6)	0.010 4 (0.007 3)	−0.013 4*** (0.003 6)
家庭总金融资产	0.001 1* (0.000 6)	−0.001 3 (0.001 2)	0.001* (0.000 6)
家庭做饭燃料	0.002 (0.001 7)	0.000 3 (0.003 5)	0.002 (0.001 7)

续表

变量	（1）	（2）	（3）
	相对贫困（模型 6.7）	M（模型 6.8）	相对贫困（模型 6.9）
家庭日常吃饭人数	0.006 3 (0.004)	−0.001 6 (0.008 1)	0.006 3 (0.004)
家庭日常支出负担	0.027 1** (0.013 6)	0.003 3 (0.027 8)	0.027 2** (0.013 7)
家庭成员是 否外出打工	−0.001 4 (0.005 4)	−0.000 6 (0.011 1)	−0.001 4 (0.005 4)
家庭人均纯收入	−0.002 3 (0.002 7)	0.035*** (0.005 6)	−0.002 2 (0.002 8)
东部地区	0.030 8*** (0.005 7)	0.018 4 (0.011 7)	0.030 8*** (0.005 7)
西部地区	−0.012 3* (0.006 3)	0.025* (0.012 9)	−0.012 3* (0.006 3)
城乡居民	0.040 2*** (0.005 7)	0.012 3 (0.012 9)	0.040 2*** (0.005 7)
社会捐助	−0.007 3 (0.02)	0.066 (0.040 9)	−0.007 2 (0.02)
政府补助	−0.026 8*** (0.005 3)	−0.015 6 (0.010 8)	−0.026 8*** (0.005 3)
R^2	0.084 8	0.020 5	0.084 8
F 值	33.83***	7.64***	31.95***
观测值	6 223	6 223	6 223

　　因为系数 b 不显著，需要对其执行 Sobel 检验。运用 SATA16.0 软件，执行该检验，Sobel-Goodman 中介效应检验结果 Sobel 统计量 Z 值为 −0.268 7，P 值为 0.788。因此，可以得出结论，金融支持经济增长再促进

相对贫困减缓的中介效应不显著。也就是说，金融支持能显著缓解相对贫困主要是通过直接渠道，通过金融可获得性提升，促进相对贫困缓解；金融支持尽管能显著促进经济增长，但在目前体制机制大环境下，经济增长的"滴涓效应"还不明显，还有很大的提升空间。

在控制变量中，户主年龄大、家庭人口规模大、家庭处于西部地区、收到政府补助等因素都能显著地缓解相对贫困程度。可能的原因是，户主年龄的增长和家庭人口规模越大越能促进家庭整体收入的增加，而西部地区家庭收入差距相对较低，因此相对贫困趋于缓和，而及时的政府补助能显著缓解相对贫困，这正与此前我国大规模地利用财政资金等方式实施精准扶贫的本质是一致的。而家庭总金融资产多、家庭日常支出负担大（日常在家吃饭人数比例）、家庭处于东部地区，以及城镇户口等因素都显著地阻碍相对贫困程度的缓解。可能的原因是，这些要素的一个共同特征就是这些要素占比越大就越容易拉大贫富差距，这就需要强化二次甚至三次分配的合理性，在强调先富的同时更要做好"先富带后富"这篇文章，并且在体制机制上保证要素自由流动，以及打破城乡二元格局，统一居民户口。

6.2.3 研究结论与启示

1. 研究结论

本书以 CFPS 2018 数据为研究样本，从理论和实证的角度探讨了金融支持对家庭相对贫困的缓解效应。结果表明：（1）整体上金融支持对家庭相对贫困缓解具有显著的促进作用。（2）金融支持对家庭相对贫困缓解的效应具有异质性差异。从不同区域来讲，其减贫效应从高到低依次为中部、东部和西部地区；从城乡差异来看，其减贫效应城镇家庭高于农村家庭；从不同收入层次来看，其减贫效应低收入家庭高于高收入家庭。（3）机制检验结果发现，金融支持主要通过提升金融可获得性的直接渠道发挥作用，金融环境变好，收到的金融支持多，金融可获得性得以提升，获得金融支持的家庭容易缓解相对贫困；同时金融支持对经济增长有显著的促进作用，但经济增长的"滴涓效应"还不显著，间接渠道的相对贫困缓解作用还不明显。

2. 政策启示

本节的研究具有重要的现实意义。党的十九届四中全会明确提出要
"巩固脱贫攻坚成果，建立解决相对贫困的长效机制"。我国《国民经济和
社会发展第十四个五年规划和 2035 年远景目标纲要》提出要"实现巩固拓
展脱贫攻坚成果同乡村振兴有效衔接"，强调"严格落实'摘帽不摘责任、
摘帽不摘政策、摘帽不摘帮扶、摘帽不摘监管'要求"，再度提出要"建立
健全巩固拓展脱贫攻坚成果长效机制"。金融支持解决相对贫困是一种脱贫
的典型方式，基于本研究的结论，容易得到以下政策启示：（1）在绝对贫
困解决之后的相对贫困时期，各级政府可在不弱化财政扶贫的前提下，重
点提升金融要素在脱贫中的作用，支持欠发达地区发展，减轻其贫困程度，
缩小区域间发展差距。（2）强化包括非正规金融在内的金融体系建设，提
升金融可获得性。应鼓励金融机构充分利用其机构和网点优势，加大对一
般家庭金融服务专营机构的建设力度；强化对金融，特别是非正规金融的
有效监管和相应的政策支持，保证金融体系的稳健运行，更好地助力相对
贫困的解决。（3）继续发挥政府补助缓解相对贫困的显著效应，加大政府
转移力度，着眼长远，鼓励家庭扩大人口规模，通过人力资本的提升从根
本上打赢相对贫困长久战，促进民族复兴的早日实现。（4）稳健推进分配
制度改革，在体制机制上推进要素自由流动，打破城乡二元格局，提升经
济增长的"滴涓效应"，打通金融支持缓解家庭相对贫困的间接渠道。

6.3　民间金融的相对贫困缓解效应——基于倾向得分匹配法的分析

6.3.1　理论分析

金融资源的获取与财政资源的获得最大的区别是获得资金方的成本差

异，以市场化方式获得的金融资源需要付出成本。也正因为此，才能根除"等、靠、要"的思想，真正形成解决贫困的内生动力。金融发展与企业家精神理论认为金融发展的关键在于挑选出真正具有企业家精神的创业者及真正有盈利前景的投资项目，并提供一系列金融支持服务（沈红丽，2021），并且商业银行等金融机构本身具有规模与成本优势，能够通过金融机构之间的有序竞争来缓解城乡家庭为改变贫困面貌而从事生产经营的融资约束，提高其收入增加能力并因此缓解家庭贫困。

非正规金融基于人缘、地缘、业缘等关系而形成，具有信息优势和较高的效率，其隐形担保机制能有效克服道德风险和逆向选择问题，对资金的投向和使用具有较高的执行效率（沈红丽，2021）。作为正规金融的有效补充，因为正规金融专业性强、监管严格、条件要求高、审核期长。非正规金融是家庭的重要资金来源，比如亲友借贷能显著地提高家庭信贷资金的可获得性。但亲友借贷等非正规金融更多的是提供短期、零星的贷款，大多以生活贷款为主，而以"逐利性"为明显特征的民间借贷等非正规金融一般利率较高，通常也是短期借贷，大部分是免于家庭生产或者创业资金链断裂才采取的资金借贷行为，非正规金融逐渐成为家庭财富增长的重要手段。非正规金融主要体现为正规金融要求的门槛高，满足不了银行等正规金融资金借贷条件的家庭不得已借助非正规金融进行融资。

非正规金融要素可以通过直接和间接两种方式对相对贫困缓解产生影响。直接作用主要体现在相对贫困群体的金融可获得性增加。直接作用主要体现在通过各种民间金融形式为相对贫困群体提供信贷、咨询等服务，使其能够直接参与更多的金融活动，增强了金融服务的可获得性，直接推动相对贫困群体的经济发展能力，提高其预期收入，从而减少相对贫困。具体来说，民间金融服务可使其有充足的资金投资于各类生产性活动以及获得更多接受教育、培训等能力提升类活动的机会，进而提高生产发展水平和自身技术水平，增加生产性收入或者提升就业机会，从而提高工资收入等，助其提升运用资金有效性的能力以及增加其抵御风险的能力，提高其未来的预期收入，从而降低贫困程度。民间金融属于普惠金融的一种形式，随着普惠金融程度的提高，更多低收入阶层的人能够获得金融贷款服务和其他金融优惠政策，使其有多余资金从事生产、消费及投资活动，从而增加收入，降低贫困率，降低收入不平等（巩艳红 等，2021）。Geda 等（2006）认为应放宽正规金融市场对穷人的信用限制，使穷人可以直接参与更多的金融活动，通过提高穷人的未来收入达到直接减少贫困的作用。

民间金融要素的间接影响在于，民间金融等金融体系可以通过对生产要素产生影响，使得社会供给与需求结构发生相应变化，进而促进资源配置效率的提高，带来经济增长以及收入分配的改善，从而降低相对贫困强度（彭见琼，2019）。间接作用主要体现在民间金融等金融要素作用于国民经济，使得国民经济提质增效，进而缓解相对贫困，即第一阶段金融发展对经济增长产生影响，然后第二阶段经济增长对相对贫困产生影响，国民经济增长是桥梁和纽带。关于第一阶段的分析，具有代表性的是金融深化理论（麦金农，1980；肖，1992）。金融深化理论的一个核心观点是，只有完全放弃"金融压制"政策，切实推行"金融自由化"政策或金融深化政策，发展中国家才能够充分发挥金融要素对经济发展的促进作用；并且该理论认为政府在这个过程中完全可以充分发挥"有形之手"的作用，因为有效的宏观管理对金融深化会起到很强的推进效果，对促进金融规模的扩大、优化金融结构以及提升金融效率等都大有益处。这样的结果是会引起相对贫困群体可投资品种的选择范围增加和资产规模增加，进而投资效率得到提升，促使整个社会拥有更多的资本密集型产业替代原来的劳动密集型产业，社会总体就业水平得到提高，经济增长得以实现。对于第二阶段即经济增长对相对贫困影响的分析，具有代表性的是经济增长对于贫困减少的涓滴效应理论（Squire，1993；Ravallion，1995）。涓滴效应理论又被称为利益均沾论，指全体人员可以享受到经济发展所带来的好处。其核心含义是指在经济发展的过程中，针对相对贫困群体或贫困地区，并不需要给予特别的政策优惠，但要创造相应机制促使先富人群通过消费、就业等活动自动惠及后富人群，或者就是政府的财政津贴、转移支付等先经过大企业再陆续流入中小企业和消费者之手，提高整体收入，进而减少相对贫困。因此，加快经济增长始终是一个关键因素。但这种间接效应能不能得到有效发挥，在不同的经济制度和环境下应该有不同的反应。

6.3.2 研究设计

1. 研究方法和路径

民间金融支持对家庭相对贫困的缓解效应，理论上可以表示为民间金融支持与相对贫困减缓的因果关系，用回归方法就可以进行探讨。但是，正如周强等（2019）、张亦然（2021）的研究，家庭获取金融支持的行为并不是随机行为，而是受到所处社会经济金融环境以及家庭经济特征等影响，从而产生的自选择行为，并且我们也不可能将所有可能的变量都控制起来，从而在分析金融支持对相对贫困的影响时面临着内生性问题。倾向得分匹配（PSM）方法通过减少对函数形式设定的依赖，可以缓解函数形式错误设定所导致的内生性问题。因此本书采用 PSM 方法估计金融支持对相对贫困的缓解效应。

基于"反事实分析框架"（Rosenbaum P. R. et al.，1983），样本划分为：获得民间金融支持家庭（处理组），没有获得民间金融支持家庭（控制组）。两组家庭的相对贫困差异程度可能由是否获得支持的不同造成，也可能由家庭本身特征、社会关系等其他因素的不同造成，只有通过匹配后的观测样本，这些样本除了"是否得到金融支持"这一特征不同以外，其他各种特征都是相似的，这样来分析通过金融支持对家庭相对贫困的减缓效应才有意义。PSM 的主要假设是两组家庭除了在获得民间金融支持方面的差异外，其他各方面特征均比较相似。具体步骤如下。

步骤一：分析家庭获得民间金融支持的影响因素。模型如下：

$$\ln\left(\frac{p_i}{1-p_i}\right) = \varphi(\boldsymbol{X}) + \xi_i = \varphi(\boldsymbol{H}_i, \boldsymbol{F}_i, \boldsymbol{S}_i, \boldsymbol{G}_i) + \xi_i \qquad (6.10)$$

其中，$p_i = P(T_i = 1 \mid X_i)$ 为家庭 i 民间金融支持的条件概率；$\boldsymbol{X}$ 是影响家庭民间金融支持行为的外生解释变量向量；$\boldsymbol{H}_i$ 是家庭户主特征向量；$\boldsymbol{F}_i$ 是家庭状况特征向量；$\boldsymbol{S}_i$ 是社会特征向量；$\boldsymbol{G}_i$ 是政府特征向量；ε_i 是服从正

态分布的随机误差项，n 表示样本家庭户数。

步骤二：用处理组的平均处理效应（ATT）来估计获得民间金融支持与没有获得民间金融支持对家庭相对贫困缓解效应的影响：

$$\mathrm{ATT} = E(\tau_i \mid T_i = 1) = E(Y_{i1} \mid T_i = 1) - E(Y_{i0} \mid T_i = 1) \quad (6.11)$$

其中，ATT 表示处理组的平均处理效应；$E(Y_{i1} \mid T_i = 1)$ 表示获得民间金融支持的家庭相对贫困减缓度，可以观测到；$E(Y_{i0} \mid T_i = 1)$ 表示获得民间金融支持的家庭在假设没有获得民间金融支持的情况下的相对贫困减缓度，为反事实结果，是不可观测的。而 $E(Y_{i0} \mid T_i = 1)$ 的替代指标则可通过 PSM 方法构造（Dehejia R. H. et al.）。由于本研究采用恩格尔系数作为相对贫困程度的衡量指标，恩格尔系数越小，表示相对贫困缓解效果越好，因此，ATT 为负才符合理论预期。

2. 各变量指标的选取

第一，因变量的选取。相对贫困的衡量指标有多种选择，其选取指标并未统一，本研究采用恩格尔系数代表样本家庭的相对贫困状况。恩格尔系数 EC 通常是指食品消费支出总额与消费支出总额的比率。之所以选用恩格尔系数来衡量相对贫困，主要是因为：贫困程度以食物支出进行衡量是国际通用做法，并且恩格尔系数可以提供一种相对性（张亦然，2021）。因为与绝对贫困线相比较，以比率体现的恩格尔系数不受物价水平、时间变化等因素的影响，具有更好的横向可比性。

第二，处理变量的选取。由于本研究的研究目的是探讨民间金融支持对缓解家庭相对贫困的影响，因此，处理变量为民间金融支持。选择样本中"是否有待偿亲友或民间借贷贷款"，有待偿亲友或民间借贷贷款的家庭用"1"表示，没有待偿亲友或民间借贷贷款的用"0"表示。

第三，协变量的选取。对于缓解相对贫困的影响，其因素是多方面的，所以有必要在分析过程中加入协变量。本研究借鉴沈红丽（2021）、王汉杰等（2018）的研究范式，本研究选取个人层面、家庭层面、社会层面以及政府层面等作为协变量。各变量定义及计量见表 6-17。

表 6-17　变量定义及计量

变量类型	变量维度	变量名称	含义内容或计量方式
因变量	相对贫困	恩格尔系数	食品消费总额/消费支出总额
处理变量	民间金融支持	待偿亲友或民间借贷贷款	有＝1，无＝0
协变量	个人层面	户主年龄	实际数值
		户主学历	（半）文盲＝1，小学＝2，初中＝3，高中＝4，大专＝5，本科＝6，硕士及以上＝7
		户主婚姻状况	在婚＝1，离婚或丧偶或未婚＝0
		户主政治面貌	是＝1，否＝0
	家庭层面	家庭做饭燃料	柴草＝1，煤炭＝2，罐装煤气＝3，天然气＝4，太阳能或电＝5
		家庭日常吃饭人数	实际数值
		家庭日常支出负担	每天同灶吃饭人口数/家庭总人口数
		家庭成员是否外出打工	是＝1，否＝0
		家庭人均纯收入	实际数值的自然对数
	社会层面	东部地区	是＝1，否＝0
		中部地区	是＝1，否＝0
		西部地区	是＝1，否＝0
		城乡居民	城镇＝1，乡村＝0
		社会捐助	收到＝1，否＝0
	政府层面	政府补助	收到＝1，否＝0

3. 数据来源

本研究所采用的数据来源于中国家庭追踪调查数据库（CFPS）。这一数据库由北京大学社会科学调查中心建立，其目的在于通过跟踪收集全国范围内居民个体、家庭、社区（村庄）三个层面的数据，反映出中国社会、经济、人口等方面的变迁事实，为学术研究和公共政策分析提供数据基础。

由于贫困问题是随着时间变化而变化的，特别是相对贫困是我国目前最直接面临的问题，而本研究开展期间能获得的最新数据为 CFPS 2018 年的数据。由于家庭层面和个体层面的数据在样本中是分开的，本研究将家庭层面和个体层面的数据依据家庭 ID 号进行关联，剔除数据缺失的样本，最终样本量为 6 223 个。

6.3.3　实证分析

1. 描述性统计

由于篇幅的问题以及本研究着重于对一些关键变量的关注，表 6-18 只列示了部分变量的描述性统计结果。可以看出，被解释变量相对贫困指标恩格尔系数的最小值为 0.005 9，最大值为 1，均值为 0.377 4，按照联合国对世界各国的生活水平的划分标准，样本中恩格尔系数的均值处于相对富裕阶段。处理变量的均值为 0.128 7，说明只有 12.87% 的家庭获得非正规金融支持，其中有 12.29% 的家庭获得亲友借贷支持，1.29% 的家庭获得民间借贷支持，其中 0.71% 的家庭既有亲友借贷又有民间借贷，有 1.41% 的家庭获得社会捐助，而有一半多的家庭获得过政府补助，达到 50.04%。

表 6-18　变量的描述性统计

变量	样本量	均值	标准差	最小值	最大值
恩格尔系数	6 223	0.377 4	0.193	0.000 6	1
非正规金融支持	6 223	0.128 7	0.334 9	0	1
亲友借款待偿有无	6 223	0.122 9	0.328 4	0	1
民间借贷待偿有无	6 223	0.012 9	0.112 7	0	1
社会捐助	6 223	0.014 1	0.118 1	0	1
政府补助	6 223	0.500 4	0.5	0	1

2. 家庭获取金融支持的影响因素估计

根据公式（1）估计家庭获取民间金融贷款的影响因素，结果见表

6-19。其中，民间金融贷款方程包括 801 户民间金融贷款和 5 095 户无信贷的家庭；亲友借贷方程共包含 765 户亲友信贷家庭和 5 095 户无信贷的家庭；民间借贷方程共包含 80 户民间借贷家庭和 5 095 户无信贷的家庭。估计结果如表 6-19 所示。

表 6-19　家庭获取非正规金融支持的影响因素估计结果

变量	非正规金融支持	亲友借贷	民间借贷	变量	非正规金融支持	亲友借贷	民间借贷
户主年龄	−0.027 6***	−0.029 7***	−0.009 8	外出打工	0.243 9***	0.255 6***	0.659 2***
户主学历	−0.238 1***	−0.229 3***	−0.111 5	人均收入	−0.097 2**	−0.097 5**	−0.053 9
婚姻状况	−0.395 9***	−0.417 3***	0.208 4	东部地区	−0.328 2***	−0.317	0.140 8
政治面貌	0.112	0.080 8	0.114 6	西部地区	0.012 6	0.095 8	0.583 7**
做饭燃料	0.032 8	0.030 2	−0.099 1	城乡居民	−0.336 8***	−0.381 9***	−0.137 3
吃饭人数	0.080 8***	0.074 5***	0.134 7**	社会捐助	0.527 1**	0.411 6	1.017 8
支出负担	−0.176 3	−0.220 3	−0.115 9	政府补助	0.165 8*	0.210 4***	0.076 3

注："***""**"和"*"分别表示在 1%、5% 和 10% 的水平上显著，下表同。（其中中部地区之所以没有出现在表内，是因为出现共线性问题从而没有纳入，在异质性分析共线性没有影响时，中部地区会被纳入分析。）

根据估计结果可以看出，起到正向显著作用的因素包括：家庭日常吃饭人数多、家庭有成员外出打工、家庭获得过社会捐助和政府补助，即符合这些特征的家庭容易获得非正规金融的支持。起反向显著作用的因素包括：户主年龄大的家庭、户主学历高的家庭、户主有配偶的家庭、人均收入高的家庭、东部地区和城镇家庭，即符合这些特征的家庭与非正规金融的支持是呈现反向关系的。这些结果表明，家庭条件相对较差且需要金融支持，获得民间金融资源的可能性就高，也有可能是家庭条件相对较好的寻求民间金融的积极性相对较低，他们在需要金融支持时，一般会寻求规范程度高、安全系数大一些的正规金融渠道，而家庭条件相对较差的并没有太多的抵押品去获取正规金融的支持，只能依赖非正规金融。这些特征在亲友借贷和民间借贷的影响因素方面得到了进一步的证实。但民间借贷方面，在户主年龄、学历以及婚姻状况、家庭人均收入等方面的影响不再显著，只有家庭日常吃饭人数、家庭成员外出打工、西部地区家庭以及接受过社会捐助有显著正向影响。可能的原因是民间借贷一般带有高利贷性质，放贷主体不会因为借贷家庭的经济状况而进行区别对待，从这个角度上来讲，民间借贷作为金融体系的一部分，实际上是对正规金融的一个补充，民间金融交易越发达，越体现出正规金融体系的不健全，越需要进一步规范民间金融以及提升正规金融的普及程度。

3. 假设检验

PSM 方法的实证分析结果要稳健的前提是，样本要满足共同支撑假设和平衡性假设等。因此，需要先进行相应的假设检验。

第一，共同支撑检验。

根据家庭获取民间金融支持的影响因素估计结果计算家庭获得民间金融支持的条件概率拟合值，即家庭的倾向得分（PS）。共同支撑假设要求获得民间金融支持家庭（处理组）和没有获得民间金融支持家庭（控制组）的 PS 密度图有足够大的重叠。本研究采用近邻法判断匹配质量。由图 6-2 可以观察到获取民间金融支持与否对家庭相对贫困减缓匹配前处理组和控制组倾向得分的分布情况具有较大的差异，匹配后两组的概率密度函数图的差异有了很大改善，说明匹配情况良好，满足共同支撑假设。

其次，也可根据损失样本数来判断匹配质量：处理组损失样本为 0，匹配样本为 801 个；控制组损失样本为 69 个，匹配样本为 5 353 个。也就是说总共损失 69 个样本，相对于样本总量 6 223 而言，损失率为只有 1.11%，即大多数观测值都在共同取值范围内，样本损失比例较低，倾向得分匹配效果较好。

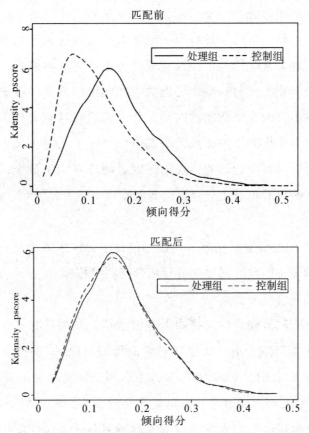

图 6-2　民间金融匹配前后倾向得分值的核密度函数分布

第二，平衡性检验。

平衡性检验的目的是看匹配后各个变量的均值有没有明显差异。表6-20展示了匹配组（处理组和控制组）匹配后的结果。（1）首先从表6-19的均值（mean）可以发现，匹配前后各个变量的均值没有明显差异。（2）平衡后均值的偏差看％bias，平衡后偏差均小于10％，一般认为大于10％才被认为是不平衡；而检验结果均值偏差最大为5.5％，其他的都远远小于10％。（3）看 P 值（或 t 值）。原假设是控制组与处理组没有系统性的差异，只要 $P>0.05$（或 $|T|<1.96$），就无法拒绝原假设，即可视为通过了平衡性检验。而检验结果 P 值最小的都达到0.256，其他 P 值都远远大于0.05（$|T|$ 值也全部小于1.96）。因此，从这三个方面都可以认为我们

的样本符合平衡性假设。

表 6-20　平衡性检验

变量	样本	均值			T 检验	
		处理组	控制组	标准偏差/%	T 值	P 值
户主年龄	匹配前	53.182	56.302	−27.6	−6.92	0
	匹配后	53.182	53.313	−1.2	−0.24	0.814
户主最近一次调查最高学历	匹配前	2.171	2.540 6	−30.7	−7.85	0
	匹配后	2.171	2.123 6	3.9	0.86	0.388
户主婚姻状况	匹配前	0.851 4	0.874 2	−6.6	−1.8	0.072
	匹配后	0.851 4	0.841 5	2.9	0.55	0.58
户主政治面貌	匹配前	0.101 1	0.133 4	−10	−2.54	0.011
	匹配后	0.101 1	0.107 4	1.9	−0.41	0.683
家庭做饭燃料	匹配前	2.629 2	2.795 1	−10.9	−2.98	0.003
	匹配后	2.629 2	2.620 5	0.6	0.11	0.912
家庭日常吃饭人数	匹配前	3.646 7	3.293 4	20.2	5.52	0
	匹配后	3.646 7	3.576 8	4	0.78	0.435
家庭日常支出负担	匹配前	0.884	0.919 3	−11.7	−2.95	0.003
	匹配后	0.884	0.881 9	0.7	0.16	0.874
家庭成员是否外出打工	匹配前	0.514 4	0.379	27.5	7.34	0
	匹配后	0.514 4	0.530 6	−3.3	−0.65	0.516
家庭人均收入	匹配前	9.327 6	9.601 4	−27	−7.01	0
	匹配后	9.327 6	9.322	0.6	0.11	0.911
东部地区	匹配前	0.295 9	0.429	−28	−7.17	0
	匹配后	0.295 9	0.322 1	−5.5	−1.14	0.256

续表

变量	样本	均值			T 检验	
		处理组	控制组	标准偏差/%	T 值	P 值
西部地区	匹配前	0.385 8	0.272	24.4	6.67	0
	匹配后	0.385 8	0.370 8	3.2	0.62	0.537
城乡居民	匹配前	0.294 6	0.449 3	−32.4	−8.3	0
	匹配后	0.294 6	0.298 4	−0.8	−0.16	0.87
社会捐助	匹配前	0.026 2	0.012 4	10.1	3.1	0.002
	匹配后	0.026 2	0.022 5	2.7	0.49	0.627
政府补助	匹配前	0.616 7	0.483 2	27.1	7.08	0
	匹配后	0.616 7	0.620 5	−0.8	−0.15	0.877

4. 金融支持的家庭相对贫困缓解效应

在满足假设检验的基础上，我们分别采用近邻匹配 1：1、近邻匹配 1：3、卡尺匹配、核匹配、样条匹配以及局部线性回归匹配等方法进行了分析，分析结果见表 6-21。研究发现，尽管不同的匹配方法得到不同的结果，但各方法测算结果没有太大差异，呈现明显的一致性，即获得民间金融支持的家庭相对贫困缓解的 ATT 效应在 1% 的统计水平下全部显著，亲友借贷和民间借贷的经验结果也表现出同样的特征，说明结果是稳健的。因此，我们可以认为，获得民间金融支持能有效缓解相对贫困，符合本研究的理论预期。

表 6-21　民间金融支持的家庭相对贫困缓解效应

变量	统计量	近邻匹配 1∶1	近邻匹配 1∶4	卡尺匹配	核匹配	样条匹配	局部线性回归匹配
获得民间金融支持 VS 获得民间金融支持	ATT	−0.046 6***	−0.05***	−0.050 9***	−0.054***	−0.051 7***	−0.057***
	T (Z) 值	−4.65	−6.22	−6.94	−7.44	−7.17	−5.69
	S. E.	0.01	0.008	0.007 3	0.007 3	0.007 2	0.01
获得亲友借贷支持 VS 没有获得亲友借贷支持	ATT	−0.052 9***	−0.057 4***	−0.054 3***	−0.056 1***	−0.053 6***	−0.058 7***
	T (Z) 值	−5.02	−6.88	−7.17	−7.47	−7.54	−5.57
	S. E.	0.010 5	0.008 3	0.007 6	0.007 5	0.007 1	0.010 5
获得民间借贷支持 VS 没有获得民间借贷支持	ATT	−0.092 2***	−0.09 1***	−0.100 6***	−0.120 8***	−0.100 8***	−0.099 3***
	T (Z) 值	−3.03	−4.15	−5.25	−6.42	−5.98	−3.26
	S. E.	0.03	0.021 9	0.019 2	0.018 8	0.016 9	0.030 4

注：卡尺匹配半径定为 0.01；核匹配使用系统默认的核函数和带宽；样条匹配的 Bootstrap 抽样次数设置为 500；样条匹配为 Z 值，其余为 T 值。

5. 异质性分析：按地区、城乡以及不同收入等级分组

表 6-22 为分别采用不同的匹配方法，对民间金融支持缓解相对贫困在不同地区、城乡、职业以及有无工资家庭中是否存在差异进行的结果展示。结果显示，从不同区域来讲，整体上民间金融支持对缓解相对贫困的效应基本一致，都有显著的相对贫困缓解效应，只是程度稍微有不同而已，从ATT 均值来看，减贫效应从高到低依次为中部、西部和东部地区。

从城乡减贫效应来看，民间金融支持缓解相对贫困对城乡家庭都有显著影响，但在缓解效应程度上，民间金融支持对农村家庭的缓解效应要大一些。可以发现，民间金融在农村的边际效应比较大，因此，有必要对民间金融进行合理的引导，让其做出更大的贡献。

从职业来看，对于家庭成员全部从事农业的家庭，民间金融支持的相对贫困减贫效应不显著，而对家庭成员不是全部从事农业的家庭有显著的相对贫困减贫效应。这表明，提升相对贫困的缓解效应，其中一种方式便是，需要进行合理的产业转移，提升家庭非农成员占比。

从家庭成员是否有除帮做农活和外出打工外是否有工资来看，对无工资的家庭比对有工资的家庭有更为显著的相对贫困减贫效应。这可能的原因是无工资的家庭的货币资金的边际效应相对更大些，这些家庭也是最需要获得金融资源支持的，也更进一步证实有必要对民间金融进行合理的引导，让其在相对贫困减缓方面发挥更大的作用。

表 6-22　民间金融支持缓解相对贫困的异质性分析

变量	按地区分			按城乡分		按职业分		按有无工资分	
	东部	中部	西部	城镇	农村	全农	非全农	有工资	无工资
近邻匹配	-0.031*	-0.034**	-0.048**	-0.042**	-0.064***	-0.042	-0.051***	-0.056**	-0.066***
	(0.02)	(0.017)	(0.016)	(0.019)	(0.012)	(0.037)	(0.01)	(0.025)	(0.011)
卡尺匹配	-0.047***	-0.045***	-0.045**	-0.038***	-0.055***	-0.03	-0.054***	-0.031*	-0.055***
	(0.015)	(0.012)	(0.02)	(0.014)	(0.009)	(0.028)	(0.008)	(0.018)	(0.008)
核匹配	-0.051***	-0.059***	-0.047***	-0.046***	-0.056***	-0.32	-0.057***	-0.037**	-0.057***
	(0.014)	(0.012)	(0.011)	(0.013)	(0.009)	(0.027)	(0.007)	(0.018)	(0.008)
样条匹配	-0.047***	-0.058***	-0.046***	-0.041***	-0.055***	-0.036	-0.054***	-0.033*	-0.054***
	(0.014)	(0.012)	(0.012)	(0.014)	(0.009)	(0.026)	(0.007)	(0.018)	(0.007)
局部线性回归匹配	-0.051***	-0.062***	-0.05***	-0.044*	-0.06***	-0.036**	-0.06	-0.032	-0.061
	(0.02)	(0.017)	(0.016)	(0.019)	(0.012)	(0.037)	(0.01)	(0.025)	(0.011)
ATT 均值	-0.045	-0.052	-0.047	-0.042	-0.058	-0.035	-0.055	-0.038	-0.059

注：近邻匹配为 1∶1 匹配，其余匹配方法设定同表 6-21，括号内数字为标准误，下同。

6. 机制检验

由前文的研究结果可知，民间金融支持能显著缓解家庭相对贫困。然而，这一减贫效应通过何种机制和渠道发生并不明晰。在理论分析中，提到民间金融支持发挥减贫作用的两个渠道——直接渠道和间接渠道。因此，我们引入经济增长这个中介变量，通过方程（6.12）至方程（6.14），使用测度中介效应的三步法进行，以此分析民间金融支持缓解相对贫困的作用机制。

$$RP_i = c_0 + c * \text{finance} + \sum_{i=1}^{n} c_i * \text{controls} + \xi \qquad (6.12)$$

$$M = a_0 + a * \text{finance} + \sum_{i=1}^{n} a_i * \text{controls} + \xi \qquad (6.13)$$

$$RP_i = c_0' + c' * \text{finance} + bM + \sum_{i=1}^{n} b_i * \text{controls} + \xi \qquad (6.14)$$

其中，RP（relative poverty）为样本家庭的相对贫困变量即前文的因变量；M 为中介变量，代表经济增长，用 2017 年各省的人均 GDP 值取自然对数值，之所以用 2017 年的 GDP 数据，原因是 CFPS 数据中得到的其他数据，其实际调研获取数据时间是 2017 年，为了数据时间一致性，用 2017 年的 GDP 数据更为妥当（GDP 数据来源于国家统计局资料）；自变量 finance 为民间金融支持即前文的处理变量；controls 为控制变量即前文的协变量，主要包括户主个人层面、家庭层面、社会层面、政府层面等方面的特征变量；a_i、b_i、c_i 等为待估参数；a_0、c_0、c_0' 等为家庭个体固定效应；ξ 为随机扰动项。考虑到中介效应的可能性，在系数 c 显著的前提下，本研究加入中介变量 M，来分析中介效应 $a*b$。计量结果见表 6-23。

表 6-23 的第（1）列显示的是模型（6.12）的回归结果，系数 c 为 -0.0522，且在 1% 水平下显著，说明民间金融支持能显著缓解相对贫困，民间金融支持度增加 1%，相对贫困程度下降 5.22%。第（2）列显示的是模型（6.13）的回归结果，系数 a 为 0.063 4，且在 1% 水平下显著，说明民间金融支持对经济增长有显著正向影响，民间金融支持度增加 1%，经济增长增加 6.34%。第（3）列显示的是模型（6.14）的回归结果，系数 c' 为 -0.0521，且在 1% 水平下显著，说明在控制了经济增长的前提下，民

间金融支持依然能显著缓解相对贫困。系数 b 为 $-0.000\,8$,但不显著。因为系数 b 不显著,需要对其执行 Sobel 检验。运用 SATA16.0 软件,执行该检验,Sobel-Goodman 中介效应检验结果 Sobel 统计量 Z 值为 $-0.123\,5$,P 值为 $0.901\,7$。因此,可以得出结论,民间金融支持经济增长再促进相对贫困减缓的中介效应不显著。也就是说,民间金融支持能显著缓解相对贫困主要是通过直接渠道,通过民间金融可获得性提升,促进相对贫困缓解;民间金融支持尽管能显著促进经济增长,但在目前体制机制的大环境下,经济增长的"滴涓效应"还不明显。

同时,本研究对亲友借贷、民间借贷与经济增长 (M) 的中介效应进行了检验,检验结果见表 6-23。表 6-23 的第 (4) 列显示的是模型 (6.12) 的回归结果,系数 c 为 -0.054,且在 1% 水平下显著,说明亲友借贷支持能显著缓解相对贫困。第 (5) 列显示的是模型 (6.13) 的回归结果,系数 a 为 $0.060\,5$,且在 1% 水平下显著,说明亲友借贷的金融支持对经济增长也有显著正向影响。第 (6) 显列示的是模型 (6.14) 的回归结果,系数 c' 为 -0.054,且在 1% 水平下显著,说明在控制了经济增长的前提下,亲友借贷金融支持依然能显著缓解相对贫困。系数 b 为 0.001 且不显著,对其执行 Sobel-Goodman 中介效应检验,结果 Sobel 统计量 Z 值为 $0.156\,5$,P 值为 $0.875\,6$。因此,可以得出结论,亲友借贷支持经济增长再促进相对贫困减缓的中介效应不显著。

表 6-23 的第 (7) 列显示的是模型 (6.12) 的回归结果,系数 c 为 $-0.097\,9$,且在 1% 水平下显著,说明民间借贷能显著缓解相对贫困。第 (8) 列显示的是模型 (6.13) 的回归结果,系数 a 为 $0.021\,3$,且不显著,说明民间借贷的金融支持对经济增长没有显著正向影响。第 (9) 列显示的是模型 (6.14) 的回归结果,系数 b 为 $-0.001\,6$ 且不显著,即系数 a 和 b 都不显著。因此,可以得出结论,民间借贷支持经济增长,再促进相对贫困减缓的中介效应不存在。

表 6-23　民间金融、亲友借贷、民间借贷与经济增长（M）的中介效应检验

变量	(1) 相对贫困 (模型 6.12)	(2) M (模型 6.13)	(3) 相对贫困 (模型 6.14)	(4) 相对贫困 (模型 6.12)	(5) M (模型 6.13)	(6) 相对贫困 (模型 6.14)	(7) 相对贫困 (模型 6.12)	(8) M (模型 6.13)	(9) 相对贫困 (模型 6.14)
民间金融	−0.052 2*** (0.007 1)	0.063 4*** (0.014 6)	−0.052 1*** (0.007 1)						
亲友借贷				−0.054*** (0.007 4)	0.060 5*** (0.015)	−0.054*** (0.007 4)			
民间借贷							−0.097 9*** (0.020 9)	0.021 3 (0.041 6)	−0.097 8*** (0.020 9)
M			−0.000 8 (0.006 2)			0.001 (0.006 4)			−0.0016 (0.007)
控制变量	YES	YES	YES	YES	YES	YES	YES	YES	YES
R²	0.085 4	0.022 2	0.085 4	0.083 7	0.022 2	0.083 7	0.075 6	0.026 3	0.083 7
F 值	33.65***	9.38***	36.23***	35.6***	8.83***	33.37***	28.11***	9.3***	33.37***
观测值	6 223	6 223	6 223	5 860	5 860	5 860	5 175	5 175	5 175

6.3.4　研究结论与启示

1. 研究结论

本研究以 CFPS2018 数据为研究样本，实证探讨了民间金融支持对家庭相对贫困的缓解效应。结果表明：（1）整体上，民间金融支持对家庭相对贫困缓解具有显著的促进作用，细分来看，亲友借贷和民间借贷同样都有显著的相对贫困缓解效应。（2）民间金融支持对家庭相对贫困缓解的效应具有异质性差异。从不同区域来讲，其减贫效应从高到低依次为中部、西部和东部地区；从城乡差异来看，其减贫效应农村家庭高于城镇家庭；从家庭成员是否从事农业职业来看，其减贫效应家庭成员中有从事非农职业的高于家庭成员中全部从事非农职业的家庭；从家庭成员是否有除帮做农活和外出打工外是否有工资来看，对无工资的家庭比对有工资的家庭有更为显著的相对贫困减贫效应。（3）机制检验结果发现，民间金融支持主要通过提升金融可获得性的直接渠道发挥作用，民间金融的发展可提升金融可获得性，助推相对贫困缓解，同时，民间金融支持对经济增长有显著的促进作用，但经济增长的"滴涓效应"还不明显。细分来看，亲友借贷能显著促进经济增长，民间借贷则不存在这种增长效应，两者的经济增长中介效应都不存在。

2. 政策启示

本研究具有重要的现实意义。党的十九届四中全会明确提出要"巩固脱贫攻坚成果，建立解决相对贫困的长效机制"。我国《国民经济和社会发展第十四个五年规划和 2035 年远景目标纲要》提出要"实现巩固拓展脱贫攻坚成果同乡村振兴有效衔接"，强调"严格落实'摘帽不摘责任、摘帽不摘政策、摘帽不摘帮扶、摘帽不摘监管'要求"，再度提出要"建立健全巩固拓展脱贫攻坚成果长效机制"。民间金融支持解决相对贫困是一种脱贫的典型方式，基于本研究的结论，有以下政策启示：（1）建立健全法律法规，合理引导和宣传民间金融。在法律上强化认识并规范其行为，对非法集资和正常的民间借贷做出明确具体的规定和界定，对民间借贷双方的权利、义务、违约处理办法等做出法律上的定义，对借贷双方的权利予以法律上的保护，提升民间金融在相对贫困缓解中的作用。（2）强化包括非正规金融在内的金融体系建设，提升金融可获得性。应鼓励金融机构充分利用其机构和网点优势，加大对一般家庭金融服务专营机构的建设力度；强化对金融，特别是非正规金融的有效监管和相应的政策支持，保证金融体系的稳健运行，更好地助力相对贫困的解决。（3）进一步优化民间金融生态环境，引导民间资本参与金融业。民间金融缓解相对贫困的效率以及民间金融本身经营的好坏与所处的民间金融生态环境的好坏有着直接的关系。需要为民间金融机构的持续健康发展创造一个宽松的外部发展环境和公平公正的内部竞争环境，实现民间金融机构作为金融市场的有益补充和对金融体系的补漏补缺。（4）强化政策支持。充分利用国家的政策，做好顶层设计，对扎实支农支小的民间金融予以政策支持，引导民间资本参与金融业。加强监管力度，规范金融市场，制定市场准入制度，由此来减少各类经济法律纠纷，逐步促进民间金融的发展，从而更好地促进相对贫困的缓解。

第7章　相对贫困金融治理个案研究

7.1　G市相对贫困金融治理研究

由于资源的稀缺性，贫困问题一直伴随在我们左右。直到 2020 年，在党的坚强领导下，以当前贫困线为基准的绝对贫困终于得到解决，实现了人类历史上伟大的壮举，为中华民族的伟大复兴打下了坚实的基础。绝对贫困虽已成为历史，但贫困问题并未就此退出历史舞台，因为我们正面临着另外一种更持久的贫困——相对贫困。党中央审时度势，在党的十九届四中全会明确提出要"巩固脱贫攻坚成果，建立解决相对贫困的长效机制"，"相对贫困"首次出现在党中央的文件里。此后，相对贫困便成为时代热点，如何缓解它便成为一种重要的民生问题，成为各级政府关注的对象。我国《国民经济和社会发展第十四个五年规划和 2035 年远景目标纲要》提出要"实现巩固拓展脱贫攻坚成果同乡村振兴有效衔接"，强调"严格落实'摘帽不摘责任、摘帽不摘政策、摘帽不摘帮扶、摘帽不摘监管'要求"，再度提出要"建立健全巩固拓展脱贫攻坚成果长效机制"。针对长期存在的相对贫困，对于各级政府而言，如何在巩固脱贫攻坚成果的战役中，有效地把本地区的资源禀赋与国家的政策元素结合起来，实现党中央提出的"实现巩固拓展脱贫攻坚成果同乡村振兴有效衔接"的目标，不仅是各地经济发展的当务之急，也是决策者需要长远考虑的重大战略问题。

总之，贫困问题是一个长期存在的问题。相对于已有研究，针对相对贫困的研究内容比较丰富，但也存在着一些不足：一是相对贫困的衡量标准还需要进一步研究；二是国内减贫研究成果较多，但在多维减贫理念、生计分析框架、多元主体参与及反贫困实践评价等领域的相关研究还有待深入；三是脱贫机制更多的在财政这一面，对社会责任下的金融脱贫研究不够，特别是缺乏大城市相对贫困治理对策的金融视角研究。

本研究的创新可以归纳为两点：一是从金融支持的视角讨论相对贫困的缓解。由于贫困问题事关民生，相关研究较为丰富，但以研究绝对贫困为主，相对贫困研究较少，且以财政扶贫视角居多，即主要是通过国家财政转移支付等单向"付出型"扶贫方式为主，以市场方式追求既有付出又有回报的"双向型"扶贫方式即金融扶贫方式相对较少；并且本研究把正规金融与非正规金融纳入同一个研究框架下，实证分析金融对缓解家庭相对贫困的影响，避免了多数论文只研究正规金融的缺陷。二是超大城市 G 市相对贫困的衡量。既有文献以全国或者整体连片贫困地区等更为宏观的相对贫困为研究对象的较多，但对某个城市为研究对象的较少。本研究基于 2010—2018 年中国家庭追踪调查（CFPS）数据，通过 FGT 计量模型计量了 G 市的贫困发生率、贫困深度以及贫困强度，为后续的相关研究起到了抛砖引玉的作用。

7.1.1 研究设计

1. 模型设计

由于本研究探讨的是金融支持对家庭相对贫困的缓解效应，理论上，可以采用线性回归面板固定效应模型来进行检验。根据相关研究以及前文分析，构建模型如下：

$$RP_i = \beta_0 + \beta_i * \text{finance} + \sum \beta_n * \text{controls} + \alpha + \xi \qquad (7.1)$$

其中，被解释变量 RP（relative poverty）为相对贫困的衡量指标；解释变量为金融支持 finance，包含正规金融（银行借贷等）和非正规金融（亲友借贷等）等变量；controls 为控制变量，主要包括家庭、社会以及政府等各个层面的特征变量；β_i 为待估参数；α 为家庭个体固定效应；ξ 为随机扰动项。

2. 数据来源

下面实证分析中所用到的数据主要来源于中国家庭追踪调查数据库

（CFPS）以及 G 市历年统计年鉴等。其中，中国家庭追踪调查数据库（CFPS）由北京大学社会科学调查中心建立，其目的在于通过跟踪收集全国范围内居民个体、家庭、社区（村庄）三个层面的数据，反映中国社会、经济、人口等方面的变迁事实，为学术研究和公共政策分析提供数据基础。该数据库从 2010 年开始，每两年做一次调研，到本研究进行时包含了 2010 年、2012 年、2014 年、2016 年和 2018 年数据。由于家庭层面和个体层面的数据在样本中是分开的，本研究将家庭层面和个体层面的数据依据家庭 ID 号进行关联，剔除掉有数据缺失的样本，最终找出 G 市的样本量为 375 个，各个年份的样本量分别是 89、84、79、102 和 115 个。

3. 各变量指标的选取

第一，被解释变量的选取。

本研究的被解释变量是相对贫困的特征变量，用 FGT 贫困指数代替。FGT 贫困指数是 Foster、Greer 和 Thorbecke（1984）提出的通用贫困指数。其表达式为

$$\mathrm{FGT}_\alpha = \int_0^z \left[\frac{z-x}{z} \right]^\alpha f(x)\,\mathrm{d}x \qquad (7.2)$$

其中，x 代表样本家庭的实际收入；$f(x)$ 是家庭实际收入的分布函数；z 代表所选取的贫困线；α 代表贫困厌恶系数，α 越大表示对深度贫困人口赋予的权重越大，体现着对贫困者收入不平等的厌恶程度越高。根据 Foster、Greer 和 Thorbecke（1984）的计量，当 $\alpha = 0$，1，2 时，FGT 指数分别代表相对贫困的发生率指数（H）、贫困缺口指数（PG）以及平方贫困缺口指数（SPG），分别表示测量相对贫困的广度、深度以及强度。

但相对贫困的衡量指标有多种选择，其选取指标并未统一，在接下来的稳健性分析中，本研究将分别采用基尼系数和恩格尔系数代表样本家庭的相对贫困状况进行验证。基尼系数（GiNi's coefficient）是国际上通用的用来衡量居民收入差距的指标，它是一种相对指标，对于衡量相对贫困是一种可选方法。而恩格尔系数（Engel's coefficient）通常是指食品消费支出总额与消费支出总额的比率，同样可以用来衡量相对贫困，主要是因为：

贫困程度以食物支出进行衡量是国际通用做法；并且恩格尔系数可以提供一种相对性（张亦然，2021）。因为与绝对贫困线相比较，以比率体现的恩格尔系数不受物价水平、时间变化等因素的影响，具有更好的横向可比性。

第二，解释变量的选取。由于本研究的目的是探讨金融支持对缓解相对贫困的影响，因此，解释变量为金融支持，具体分为正规金融与非正规金融。分别以"是否有家庭待偿银行贷款额"以及"是否有亲友和民间借款"作为各自替代指标。同时选用"筹款难度"作为金融支持的自变量指标加以分析。

第三，控制变量的选取。相对贫困的影响因素是多方面的，本研究在分析过程中加入尽可能多的控制变量，以保证分析的稳健性。借鉴已有研究沈红丽（2019）、王汉杰等（2018）的研究范式，本研究在控制变量中加入家庭层面、社会层面以及政府层面的相应指标。其中，家庭层面包括家庭人口规模、是否从事农林牧副渔工作、户主健康状况、是否有工资收入、家庭金融资产状况，社会层面包括人均 GDP 增长率、金融发展情况、是否接收到社会捐款，政府层面包括教育支出增长率、是否接收到政府补助等。各变量名称、含义及计量方式等见表 7-1。

表 7-1　变量符号及含义

变量类型	变量维度	变量名称	含义内容或计量方式
被解释变量	相对贫困	FGT 指数	FGT 计量模型
		GiNi 系数	基尼系数
		恩格尔系数	食品支出/总消费支出
解释变量	金融支持	银行借贷	衡量方式（1）：有＝1，无＝0
			衡量方式（2）：实际数值（待偿银行贷款）
		亲友借贷	衡量方式（1）：有＝1，无＝0
			衡量方式（2）：实际数值
		筹款难度	筹款有困难＝1，筹款容易＝0

变量类型	变量维度	变量名称	含义内容或计量方式
控制变量	家庭层面	家庭人口规模（个）	实际数值
		户主健康状况	不健康＝0，比较不健康＝1，一般＝2，比较健康＝3，很健康＝4，非常健康＝5
		是否从事农林牧副渔工作	是＝1，不是＝0
		是否有工资收入	是＝1，不是＝0
		家庭金融资产	有＝1，无＝0
	社会层面	人均 GDP 增长率	实际数值
		金融发展	（存贷款余额＋股票市值＋保费收入）/GDP
		社会捐款	是＝1，不是＝0
	政府层面	教育支出增长率	实际数值
		政府补助	实际数值

7.1.2　实证分析

1. 相对贫困的计量

借鉴既有文献中有关相对贫困线的设定，本研究采用样本中位人均家庭纯收入的 50% 作为相对贫困线，同时也考察了将该中位收入的 40% 和 60% 作为相对贫困线时的减贫状况。根据样本所计算出来的具体相对贫困线标准见表 7-2。

表 7-2　G 市相对贫困线

年份	样本量	人均家庭纯收入平均值/（元/年）	人均家庭纯收入中位数/（元/年）	相对贫困线/（元/年）		
				40%	50%	60%
2010	89	8 794.58	7 687.5	3 075	3 843.75	4 612.5
2012	84	12 397.36	10 208.33	4 083.33	5 104.17	6 125
2014	79	17 450.16	15 000	6 000	7 500	9 000
2016	102	24 359.82	23 333.33	9 333.33	11 666.67	14 000
2018	115	31 923.03	27 137.5	10 855	13 568.75	16 282.5

根据表 7-2 和样本数据，本研究得到的 G 市相对贫困 FGT 测度结果见

表 7-3。作为中国相对发达的城市，G 市在消除绝对贫困方面取得了举世瞩目的成就，所选样本中，人均家庭纯收入的平均值在 2010—2018 年也得到了大幅度的提升，从 2010 年的 8 794.58 元提升到 2018 年的 31 923.03 元（见表 7-2），提升了 2.63 倍，人民生活水平表现出稳步上升的态势。但相对贫困问题状况不容乐观，在中位人均家庭纯收入的 40％、50％和 60％的相对贫困线下，G 市 2010—2018 年年均相对贫困广度分别为 12.119 9、18.09 和 23.321 1，相对贫困深度分别为 5.14、7.58 和 9.434 6，相对贫困强度分别为 3.45、4.91 和 6.044 4（见表 7-3"均值"一行）。换言之，在 G 市范围内，在 2010—2018 年，平均来讲至少有 12.119 9％的人口处于相对贫困状态。三条相对贫困线从低到高排序，相应的贫困广度、贫困深度和贫困强度也依次增加，说明相对贫困线越高，G 市生活在相对贫困线以下的人口越多，相应地，所需的扶持资源也会越多。

表 7-3　G 市相对贫困 FGT 测度结果

年份	40%			50%			60%			GINI 系数
	H_1	PG_1	SPG_1	H_2	PG_2	SPG_2	H_3	PG_3	SPG_3	
2010	12.359 6	7.116 2	7.115 2	15.730 3	7.977 8	7.976 8	20.224 7	9.203 7	8.927 1	0.347 8
2012	14.285 7	6.664 1	4.264 1	21.428 6	9.858 8	6.261 9	27.381	12.507 7	7.904 5	0.405 5
2014	10.126 6	3.089 5	1.302 4	17.721 5	6.465 7	2.801 3	20.253 2	6.903	3.313 6	0.320 1
2016	10.784 3	3.940 1	2.044 6	14.705 9	5.383 9	2.838 9	23.529 4	8.506 4	4.518 5	0.293 5
2018	13.043 5	4.892 1	2.517 8	20.869 6	8.206 9	4.666 1	25.217 4	10.052 3	5.558 2	0.367 9
均值	12.119 9	5.14	3.45	18.09	7.58	4.91	23.321 1	9.434 6	6.044 4	0.347

从相对贫困状况的变化趋势来看（见图 7-1、图 7-2 和图 7-3），不同比例水平相对贫困线下的相对贫困状况基本呈现出"升—降—升"的态势。2012 年和 2018 年，相对贫困处于一个相对恶化的态势，因此，可以发现，尽管绝对贫困在 G 市内早已解决，但相对贫困情况却还是相当长时间里一个较为严峻的社会现象。从基尼系数（见表 7-3 最后一列）来看，G 市的居民收入贫富差距还是处于相对合理的水平①。

---

① 国际上并没有一个组织或机构给出最适合的基尼系数标准。但有大多数人认为基尼系数小于 0.2 时，居民收入过于平均，0.2～0.3 时较为平均，0.3～0.4 时比较合理，0.4～0.5 时差距过大，大于 0.5 时差距悬殊。

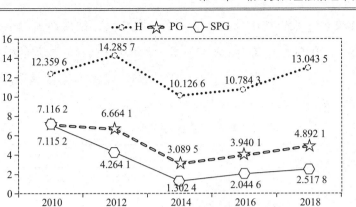

图 7-1　中位收入 40％相对贫困线下的 FGT 指数

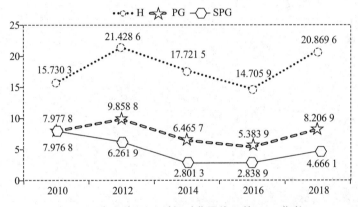

图 7-2　中位收入 50％相对贫困线下的 FGT 指数

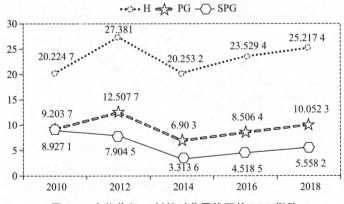

图 7-3　中位收入 60％相对贫困线下的 FGT 指数

2. 其他指标描述性统计

由于 FGT 指标和基尼系数已经在表 7-3 中加以表述，因此表 7-4 只描述了除这两者之外的其他变量的情况。可以看出，调研期间 G 市调查家庭样本恩格尔系数的最小值为 0.033，最大值为 0.937 5，均值为 0.479 5，按照联合国对生活水平的划分标准，G 市调查家庭样本恩格尔系数均值处于小康阶段，离相对富裕还有一小段距离①。

表 7-4 变量的描述性统计

变量	样本量	均值	标准差	最小值	最大值
恩格尔系数	375	0.479 5	0.180 4	0.033	0.937 5
银行借贷	375 (1)	0.029 3	0.169	0	1
	375 (2)	5 149.33	77 861.59	0	1 500 000
亲友借贷	375 (1)	0.093 3	0.291 3	0	1
	375 (2)	5 659.47	31 109.85	0	300 000
筹款难度	375	0.048	0.214 1	0	1
家庭人口规模/个	375	4.096	1.987	1	17
户主健康状况	375	2.450 7	1.329 3	0	5
是否从事农林牧副渔工作	375	0.429 3	0.495 6	0	1
是否有工资收入	375	0.741 3	0.438 5	0	1
家庭金融资产	375	0.682 7	0.466 1	0	1
人均 GDP 增长率	375	0.063 4	0.025 3	0.032	0.109
金融发展	375	3.812 8	0.183 3	3.566 6	4.052 5
社会捐款	375 (1)	0.016	0.125 6	0	1
	375 (2)	39.57	672.47	0	13 000
教育支出增长率	375	0.207	0.077 9	0.067	0.284 7
政府补助	375 (1)	0.085 3	0.279 8	0	1
	375 (2)	652.16	3 222.09	0	36 000

注：样本量中标有（1）和（2）的含义是指，（1）代表的是相应变量的衡量方式是（0，1）变量，（2）代表的是相应变量的衡量方式是实际数值。具体见表 7-1 变量符号及含义。

---

① 联合国根据恩格尔系数的大小，对世界各国的生活水平设定了一个划分标准：一个国家的平均家庭恩格尔系数大于 0.6 的为贫穷；0.5～0.6 的为温饱；0.4～0.5 的为小康；0.3～0.4 的为相对富裕；0.2%～0.3 的为富裕；0.2 以下的为极其富裕。

解释变量中，正规金融银行借贷和非正规金融亲友借贷按额度衡量的标准差分别为 5 149.33 和 5 659.47，说明主动寻求金融支持力度在整个群体中有比较大的差距，其中只有 2.93% 的家庭从银行等正规金融机构寻求金融支持，而寻求亲友借贷等非正规金融支持的占 9.33%。说明至少有 85% 的家庭没有得到金融的相关支持，但从筹款难度来看，只有 4.8% 的家庭认为有比较大的贷款难度，也即 95.2% 的家庭认为贷款难度不大，其金融可获得性较高。

3. 相关性分析

变量的相关系数矩阵如表 7-5 所示。可以看出，被解释变量为样本中位人均家庭纯收入的 50% 作为相对贫困线测量的相对贫困发生率 H_2 与解释变量、银行借贷以及亲友借贷的系数都为负相关关系，说明金融支持能缓解相对贫困，初步证实了本研究的假设。并且可以发现控制变量与相对贫困发生率 H_2 的关系基本上都是显著的，后面的回归方程中变量的方差膨胀因子最大值为 4.401，都小于 10，说明本研究所选取的控制变量是比较合适的。

表 7-5 变量的相关性分析

变量	H_2	银行借贷	亲友借贷	筹款难度	家庭人口规模	户主健康状况	从事农林牧副渔工作	是否有工资收入	家庭金融资产	人均GDP增长率	金融发展	社会捐款	教育支出增长率	政府补助
H_2	1													
银行借贷	-0.070 9 (0.170 4)	1												
亲友借贷	-0.124** (0.016 3)	-0.055 8 (0.281 3)	1											
筹款难度	0.005 3 (0.118 5)	-0.039 (0.451 1)	-0.029 2 (0.573 5)	1										
家庭人口规模	0.0125 (0.809 8)	0.033 7 (0.515 2)	0.030 5 (0.556 1)	0.039 2 (0.449)	1									
户主健康状况	-0.073 1 (0.157 9)	-0.046 1 (0.373 4)	-0.054 5 (0.292 1)	-0.078 7 (0.128)	0.051 2 (0.322 3)	1								
从事农林牧副渔工作	0.344 6*** (0)	-0.086 9* (0.092 8)	-0.111 6** (0.030 7)	-0.169 6*** (0.001)	0.078 2 (0.130 7)	0.126 7** (0.014 1)	1							
是否有工资收入	-0.230 9*** (0)	0.030 5 (0.555 9)	0.022 1 (0.670 4)	0.047 2 (0.362 3)	0.319 6*** (0)	0.140 2*** (0.006 6)	-0.065 9 (0.203 1)	1						

续表

变量	H_2	银行借贷	亲友借贷	筹款难度	家庭人口规模	户主健康状况	从事农林牧副渔工作	是否有工资收入	家庭金融资产	人均GDP增长率	金融发展	社会捐款	教育支出增长率	政府补助
家庭金融资产	0.351 1*** (0)	0.050 6 (0.328 3)	-0.194 9*** (0.000 1)	-0.007 7 (0.881 6)	0.046 6 (0.36 8)	0.183 4*** (0.000 4)	0.244 1*** (0)	-0.062 6 (0.226 8)	1					
人均GDP增长率	-0.004 5 (0.930 9)	-0.089 7* (0.082 7)	-0.079 5 (0.124 4)	0.329 6*** (0)	0.065 7 (0.204 4)	-0.012 5 (0.809)	0.252 8* (0)	0.137 4*** (0.007 7)	0.099 5* (0.054 2)	1				
金融发展	-0.259 3*** (0)	0.156*** (0.002 5)	0.013 4 (0.796 4)	-0.196 1*** (0.000 1)	-0.059 3 (0.251 9)	0.116 4** (0.024 2)	-0.364 8*** (0)	-0.098 5* (0.056 7)	0.093 2* (0.071 5)	-0.822 5*** (0)	1			
社会捐款	0.035 (0.499 1)	-0.022 2 (0.668 7)	0.032 1 (0.534 9)	0.070 8 (0.171 3)	0.103 8** (0.044 5)	0.059 6 (0.249 4)	-0.067 7 (0.191)	-0.070 3 (0.174 5)	0.041 3 (0.425 4)	0.027 4 (0.597)	-0.000 1 (0.998 5)	1		
教育支出增长率	0.616 6*** (0)	0.052 6 (0.309 8)	-0.177 4*** (0.000 6)	-0.329 6*** (0)	-0.034 6 (0.504 1)	0.033 3 (0.520 9)	0.320 9*** (0)	-0.221 5*** (0)	0.498 6*** (0)	-0.305 9*** (0)	0.124 2** (0.016 1)	-0.000 7 (0.989 2)	1	
政府补助	-0.092 8* (0.072 6)	0.06 (0.246 1)	0.098 9* (0.055 7)	0.020 7 (0.689 2)	0.149 1*** (0.003 8)	-0.089 2* (0.084 4)	0.024 3 (0.638 7)	-0.015 8 (0.761 1)	-0.058 4 (0.259 7)	0.038 9 (0.452 3)	-0.021 8 (0.673 8)	0.189 3*** (0.000 2)	-0.068 3 (0.186 9)	1

注："***""**"和"*"分别代表在 1%、5% 和 10% 水平上显著，括号内数字为对应变量的 P 值。

4. 实证结果分析

表 7-6 为缓解家庭相对贫困的金融支持回归分析结果。因变量为根据 FGT 模型用样本中位人均家庭纯收入的 50% 作为相对贫困线计算出来的贫困发生率 H_2、贫困深度 PG_2 以及贫困强度 SPG_2。每个相对贫困率指标都分别对应 4 个回归分析方程。对于贫困发生率 H，模型（1）和模型（2）分别表示正规金融、非正规金融以及其他控制变量对家庭相对贫困的影响；模型（3）是把正规金融、非正规金融放在一起，结合其他控制变量，分析这些因素对家庭相对贫困的影响；模型（4）是以筹款难度即金融可获得性代替金融支持，从另一角度分析金融支持对缓解家庭相对贫困的情况；贫困深度 PG 对应的模型（5）至模型（8）以及贫困强度 SPG 对应的模型（9）至模型（12）所涉及的解释变量顺序与模型（1）至模型（4）的顺序是一致的。

模型（1）、模型（5）以及模型（9）的实证分析结果都显示，银行借贷等正规金融与相对贫困指标都呈现负相关关系，即能缓解家庭相对贫困，但不显著；亲友借贷等非正规金融能显著地缓解家庭相对贫困，这与理论分析相符。银行借贷等正规金融不显著的原因，可能与相对贫困家庭从正规金融获得相应金融支持的难度有关，样本中只有 2.93% 的家庭从银行等正规金融机构获得金融支持，占比太小，这从模型（4）、模型（8）和模型（12）中的结果里也得到印证：筹款难度越大，贫困程度越高。

在控制变量中，家庭层面的家庭人口规模越大，贫困程度相对较高，这可能是因为家庭规模越大导致家庭负担越高所导致；户主越健康，相对贫困程度越低，说明包括能保障良好健康状况的医疗环境等有益于缓解相对贫困；从事农林牧副渔工作的相对贫困程度较高，尽管大部分回归结果不显著，只有模型（4）、（8）和（12）的是显著的，但从事农林牧副渔工作与相对贫困程度都呈现出正相关关系，这也表明对于 G 市这样的大都市，更应该注重发展第二和第三产业，这样更有益于缓解相对贫困；同时，有工资收入能显著地降低相对贫困，这说明保证较高的就业率，家庭成员有稳定的工资收入，对缓解相对贫困作用很大；对于家庭是否拥有金融资产方面，表现得有点特别，家庭拥有金融资产能显著地缓解相对贫困强度，却会显著地提升相对贫困发生率和相对贫困深度，这可能与各个家庭拥有的金融资产悬殊有关，容易形成马太效应；社会层面的人均 GDP 增长率以及金融发展情况都能显著地缓解相对贫困，说明一个社会或者地区要缓解相对贫困，经济发展是最重要的因素之一，同时要强化银行、证券、保险等金融要素的金融赋能作用，提升相对贫困群体的内生发展能力；而是否接收到社会捐款对相对贫困缓解没有明显的作用，这可能与较低的社会捐款接收率有关，样本中只有 1.6% 的家庭接收过社会捐款，并且捐款额度也很低，平均只有 39.57 元，这说明社会层面的这种互助互爱对缓解相对贫困还有很大的提升空间；政府层面的教育支出增长率以及是否接收政府补助等都能显著地缓解相对贫困，这说明提高教育支出、强化政府财政支持力度等，对相对贫困的缓解具有良好的效果。

表 7-6 缓解家庭相对贫困的金融支持回归分析

变量	H_2（贫困发生率）				PG_2（贫困深度）				SPG_2（贫困强度）			
	(1)	(2)	(3)	(4)	(5)	(6)	(7)	(8)	(9)	(10)	(11)	(12)
银行借贷	−0.04 (0.63)		−0.09 (0.63)		−0.01 (0.2)		−0.03 (0.2)		−0.01 (0.06)		−0.01 (0.06)	
亲友借贷		−0.71* (0.37)	−0.71* (0.37)			−0.22** (0.11)	−0.22** (0.11)			−0.07* (0.04)	−0.07* (0.04)	
筹款难度				1.63*** (0.56)				0.51*** (0.17)				0.17*** (0.06)
家庭人口规模/个	0.13** (0.06)	0.13** (0.06)	0.13** (0.06)	0.12** (0.06)	0.04** (0.02)	0.04** (0.02)	0.04** (0.02)	0.04** (0.02)	0.01* (0.01)	0.01* (0.01)	0.01* (0.01)	0.01* (0.01)
户主健康状况	−0.14* (0.08)	−0.14* (0.08)	−0.14* (0.08)	−0.13 (0.08)	−0.04* (0.03)	−0.04* (0.03)	−0.04* (0.03)	−0.04 (0.03)	−0.01 (0.01)	−0.01* (0.01)	−0.01* (0.01)	−0.01 (0.01)
是否从事农林牧副渔工作	0.32 (0.25)	0.3 (0.25)	0.3 (0.25)	0.45* (0.25)	0.1 (0.08)	0.09 (0.08)	0.09 (0.08)	0.14* (0.08)	0.03 (0.03)	0.03 (0.03)	0.03 (0.03)	0.05* (0.03)
是否有工资收入	−1.30*** (0.26)	−1.29*** (0.26)	−1.29*** (0.26)	−1.25*** (0.25)	−0.4*** (0.08)	−0.4*** (0.08)	−0.4*** (0.08)	−0.39*** (0.08)	−0.13*** (0.03)	−0.13*** (0.03)	−0.13*** (0.03)	−0.13*** (0.03)
家庭金融资产	3.21*** (0.3)	3.19*** (0.3)	3.19*** (0.3)	3.10*** (0.3)	1.00*** (0.09)	0.99*** (0.09)	0.99*** (0.09)	0.96*** (0.09)	−0.33*** (0.03)	−0.32*** (0.03)	−0.32*** (0.03)	−0.31*** (0.03)

续表

变量	H₂（贫困发生率）				PG₂（贫困深度）				SPG₂（贫困强度）			
	(1)	(2)	(3)	(4)	(5)	(6)	(7)	(8)	(9)	(10)	(11)	(12)
人均 GDP 增长率	-123.9***	-127.1***	-126.9***	-128.9***	-131.5***	-132.5***	-132.4***	-133***	-193.1***	-192.7***	-192.7***	-192.5***
	(12.51)	(12.50)	(12.56)	(12.42)	(3.89)	(3.88)	(3.9)	(3.86)	(1.27)	(1.27)	(1.28)	(1.26)
金融发展	-14.65***	-14.89***	-14.87***	-14.81***	-16.35***	-16.42***	-16.41***	-16.40***	-21.54***	-21.52***	-21.52***	-21.53***
	(1.47)	(1.46)	(1.47)	(1.44)	(0.46)	(0.45)	(0.46)	(0.45)	(0.15)	(0.15)	(0.15)	(0.15)
社会捐款	0.68	0.72	0.71	0.61	0.21	0.22	0.22	0.19	-0.07	-0.07	-0.07	-0.06
	(0.87)	(0.86)	(0.87)	(0.86)	(0.27)	(0.27)	(0.27)	(0.27)	(0.09)	(0.09)	(0.09)	(0.09)
教育支出 增长率	-8.63***	-9.38***	-9.34***	-7.55***	-8.28***	-8.51***	-8.50***	-7.95***	-16.18***	-16.11***	-16.11***	-16.29***
	(2.43)	(2.43)	(2.44)	(2.41)	(0.75)	(0.75)	(0.76)	(0.75)	(0.25)	(0.25)	(0.25)	(0.24)
政府补助	-0.87**	-0.80**	-0.80**	-0.86**	-0.27**	-0.25**	-0.25**	-0.27**	-0.09**	-0.08**	-0.08**	-0.09**
	(0.39)	(0.39)	(0.39)	(0.38)	(0.12)	(0.12)	(0.12)	(0.12)	(0.04)	(0.04)	(0.04)	(0.04)
_cons	82.03***	83.4***	83.28***	82.67***	79.42***	79.84***	79.8***	79.61***	102.73***	102.59***	102.6***	102.67***
	(6.49)	(6.44)	(6.5)	(6.36)	(2.02)	(2)	(2.02)	(1.98)	(0.66)	(0.65)	(0.66)	(0.65)
R^2	0.474 6	0.482	0.482	0.488 7	0.831 3	0.838	0.832 6	0.840 1	0.989 7	0.989 8	0.989 8	0.99
F 值	30.06***	30.71***	28.07***	31.55***	168.59***	170.66***	156.02***	173.34***	3 184.8***	3 217.8***	2 941.7***	3 260.6***
观测值	375	375	375	375	375	375	375	375	375	375	375	375

注："***""**"和"*"分别表示在 1%、5% 和 10% 的水平上显著；括号内为稳健标准误。后同。

5. 稳健性分析

正如周强等（2019）、张亦然（2021）的分析表明，金融支持与经济发展水平之间可能存在内生性问题。存在这样一种可能，即经济发展水平好的区域，金融支持的可能性越大，这些区域家庭的相对贫困程度本来就低，并非由金融支持所导致。根据既有研究，本研究选取 G 市金融机构人均贷款额作为正规金融的工具变量（王汉杰 等，2018；张亦然，2021）。这样选取的原因是从相关性与外生性来考虑的：首先，G 市金融机构人均贷款额可以较好地反映出广州地区的金融资源投放力度，这与人均金融借贷额存在较强的正相关性，满足相关性要求；其次，单个居民家庭的收入水平不足以影响到 G 市金融机构的资源投放力度，满足外生性假设。本研究选取 G 市民间金融街利率指数（张宁 等，2016）作为非正规金融的工具变量。这样选取的原因是，G 市民间金融街的定位主要是为中小微企业和居民个人提供金融服务，着重于建立起民间资金供求的民间金融利率、费率价格形成机制，这与非正规金融资金的借贷有着密切关系，满足分析的相关性要求；并且单个居民家庭也不足以影响到 G 市民间金融街的民间金融利率水平，满足外生性假设。

表 7-7 缓解家庭相对贫困的金融支持稳健性检验的 IV 估计结果显示，Shea 偏 R^2 统计量结果最低值为 0.475，远超过 0.1，并且 Cragg-Donnald Wald F 统计量最低值为 20.04，远超过 10，因此可以排除弱工具变量问题。结果表明，除了正规金融对贫困强度（SPG_2）的影响不显著外，金融支持对贫困发生率（H_2）与贫困深度（PG_2）都呈现出显著的负相关关系，也即能显著缓解相对贫困。该结果与表 7-6 回归估计结果基本一致，再次论证了本研究的结论，金融支持对缓解家庭相对贫困有良好影响。

表 7-7　缓解家庭相对贫困的金融支持稳健性检验（IV 估计）

变量	H_2（贫困发生率）				PG_2（贫困深度）				SPG_2（贫困强度）			
	(1)	(2)	(3)	(4)	(5)	(6)	(7)	(8)	(9)	(10)	(11)	(12)
银行借贷	-0.06*		-0.11		-0.02*		-0.05		-0.04		-0.03	
	(0.56)		(0.67)		(0.21)		(0.18)		(0.16)		(0.07)	
亲友借贷		-0.76**	-0.72*			-0.24**	-0.21**			-0.07*	-0.08*	
		(0.32)	(0.44)			(0.21)	(0.13)			(0.05)	(0.06)	
筹款难度				1.68***				0.57***				0.23*
				(0.57)				(0.23)				(0.05)
控制变量	是	是	是	是	是	是	是	是	是	是	是	是
_cons	83.01***	81.2***	86.28***	83.67***	78.55***	80.84***	80.8***	79.55***	106.71***	101.43***	104.61***	102.88***
	(6.43)	(6.52)	(6.54)	(6.43)	(2.03)	(2.11)	(2.13)	(1.99)	(0.57)	(0.55)	(0.63)	(0.66)
Shea 偏 R^2	0.475	0.483	0.482 1	0.484 5	0.833 1	0.768	0.812 3	0.845 5	0.983	0.934 5	0.953 4	0.909
Cragg-Donnald Wald F 值	26.04***	30.33***	22.07***	30.33***	155.55***	168.77***	166.79***	170.02***	3 100.1***	3 342.2***	2 856.5***	3 234.5***
观测值	375	375	375	375	375	375	375	375	375	375	375	375

更进一步地，本研究用替换被解释变量的分析方法来分析稳健性。分别采用恩格尔系数和 GINI 系数作为核心，解释正规金融和非正规金融的衡量指标，解释变量和控制变量保持不变，进行重新回归，回归结果如表 7-8 所示。结果表明正规金融和非正规金融都显著缓解了家庭相对贫困，筹款难度越大，相对贫困提升程度越显著，与前文结论保持一致。与此同时，本研究用样本中位人均家庭纯收入的 40% 和 60% 作为相对贫困线计算出来的贫困发生率 H_1 和 H_3、贫困深度 PG_1 和 PG_3，以及贫困强度 SPG_1 和 SPG_3 分别作为被解释变量，回归结果与前文结论保持一致（没有再具体展示回归结果），说明本研究的回归结论具有稳健性。

表 7-8　缓解家庭相对贫困的金融支持稳健性检验（变量替代法）

变量	恩格尔系数				GINI 系数			
	(1)	(2)	(3)	(4)	(5)	(6)	(7)	(8)
银行借贷	-0.261 8*** (0.055 3)	-0.251 7*** (0.054 1)			-0.000 3 (0.005 7)		-0.000 8 (0.005 7)	
亲友借贷	-0.126 3*** (0.031 1)		-0.119 1*** (0.032 1)			-0.006 4** (0.003 3)	-0.006 4** (0.003 3)	
筹款难度				0.057 3* (0.049 7)				0.014 7*** (0.000 5)
控制变量	是	是	是	是	是	是	是	是
R^2	0.157 1	0.118 7	0.100 3	0.069 5	0.779 5	0.781 8	0.781 8	0.784 6
F 值	5.62***	4.44***	3.68***	2.47***	116.68***	118.21***	108.07***	120.21***
观测值	375	375	375	375	375	375	375	375

7.1.3　研究结论与启示

1. 研究结论

本研究在理论分析的基础上，基于 2010—2018 年中国家庭追踪调查（CFPS）数据，以 FGT 指数模型计算了 G 市的相对贫困程度及其影响因素。结果表明：在 2010—2018 年，G 市的相对贫困状况基本呈现出"升—降—升"的态势，相对贫困问题还是一个在相当长时间里较为突出的社会现象。恰当适度的金融支持能有效地缓解相对贫困，并且及时的政府补助、较高的教育经费支出、合理的产业结构、较高的经济增长率，以及家庭成员有稳定的工资收入等因素都能显著地缓解相对贫困。因此，应通过提高金融服务的可获得性，强化金融的"赋能"功能，把金融与财政、教育、产业等政策有机融合，以构建起较完善的相对贫困治理机制。

2. 研究启示

从本研究的过程和结果，可以得到以下几点启示。第一，相对贫困金融治理机制的构建必须遵循供需有效匹配的基本导向。包括银行和民间金融在内的金融要素，都追求成本与收益的对等，这样才能使资金提供者可以持续性提供资金，也能对资金需求者形成压力，通过帮助贫困户树立经营、市场以及责任意识，提升脱贫的内生动力，摆脱"等、靠、要"的消极思维。第二，强化金融与财政政策相对贫困治理的协同机制。在巩固脱贫攻坚成果的战役中，积极探索如何有效地把本地区的资源禀赋与国家的财政等政策元素结合起来，强化包括政府补助在内的财政政策元素在缓解相对贫困中的作用，充分发挥金融的"赋能"功能，使财政资金效应扩大、金融机构风险可控，破解企业融资难题，使相对贫困群体稳定增收，实现政府、银行、企业、居民四赢局面。第三，提升融资与融智的相对贫困治理协同机制作用。在提升金融服务可获得性的基础上，重视包括提升教育支出在内的智力投资支出，以融资与融智提升居民家庭能力建设机制为重点的相对贫困治理长效机制，完善贫困治理体系。第四，完善金融＋产业脱贫相对贫困治理协同机制。引导金融要素带动资源向本区域具有比较优势的产业流动，促进产业供给、需求结构变化，引起产业结构优化，促进地区经济增长，带动更高的就业水平，使相对贫困家庭的成员有稳定的工资收入，从而降低相对贫困强度。

7.2　河源市金融扶贫状况与相对贫困金融治理对策研究

7.2.1　引言

2020 年是中华民族史上极具历史意义的一年，因为在这一年，中华民族摆脱了在现行标准下的绝对贫困。但这并不意味着从此不再需要考虑贫困问题，事实上，绝对贫困之后的相对贫困将会长期存在。党的十九届四中全会高度重视相对贫困问题，首次在党的文件里提出相对贫困，要求"巩固脱贫攻坚成果，建立解决相对贫困的长效机制"；党的十九届五中全会发布的《国民经济和社会发展第十四个五年规划和 2035 年远景目标纲要》提出要"实现巩固拓展脱贫攻坚成果同乡村振兴有效衔接"，强调"严格落实'摘帽不摘责任、摘帽不摘政策、摘帽不摘帮扶、摘帽不摘监管'要求"，再度提出要"建立健全巩固拓展脱贫攻坚成果长效机制"。而长效机制的构建只有基于市场化的方式才可以持续，因此，在今后的相对贫困治理中，金融扶贫治理模式应该会得到更大程度的重视。对河源市相对贫困治理进行相关研究，本质上是在深入学习贯彻习近平总书记关于"做好金融扶贫这篇文章"重要指示精神和党中央、国务院关于"建立解决相对贫困的长效机制"建议的具体实践和行动路径。相对贫困的特征之一就是相对性，其人均收入或者人均消费可能已经高于绝对贫困标准，但其自身发展所必需的最基本的机会或者选择权力被剥夺，享受不到体面的生活。

与绝对贫困相比，相对贫困更关注发展问题，其长效机制的构建需要激发相对贫困人口的内生动力，扶贫方式也需要从以前的"输血式、外延式、被动式扶贫"转变为"造血式、内生式、开发式扶贫"。这些转变的成功都离不开金融的支持，需要撑好金融扶贫的支点，搭好金融扶贫的杠杆，用好金融扶贫的推动力以及金融扶贫的赋能功能。

7.2.2　河源市金融扶贫的效果

河源市乡村振兴局的统计资料显示，从 2016 年至 2020 年的五年中，用于扶贫攻坚的资金达到 46.32 亿元。通过强化金融资源的赋能功能及资金带动作用，在政府政策组合拳的推动以及全市人民的锐意进取通力合作下，河源市建档立卡贫困人口 38 568 户、107 372 人，全市 255 个广东省省定相对贫困村在 2020 年全部达到脱贫退出标准，实现了河源人们有史以来脱离绝对贫困的伟大壮举。河源市金融扶贫的效果具体体现在以下几个方面。

（1）河源市贫困群体都达到脱贫标准、人均收入有较大幅度增加。脱贫的一个最核心的指标是收入水平，2020 年河源市有劳动能力的贫困人口，其人均可支配收入为 16 618 元，该数字是 2015 年的 4.68 倍，增长幅度是巨大的。河源市全市 255 个广东省省定相对贫困村农村居民人均可支配收入为 21 941 元，是 2015 年的 2.94 倍。

（2）河源市财政金融保障措施助力贫困群体改善人居环境，生活质量明显提高。河源市通过财政金融政策保障，使得建档立卡贫困户医疗、教育、低保、五保等保障政策 100% 得到落实，全面解决因学致贫、因病致贫等问题，贫困人口全部住上了安全住房，全面解决了农村饮水困难和不安全问题，并实现 20 户以上自然村全部集中供水。255 个相对贫困村"三清三拆三整治"基本完成，村内巷道硬化工程、禽畜圈养、集中供水完成率均达到 100%，人居环境得到大大改善，生活质量得到明显改善。

（3）河源地方特色金融体系得以构建、经济发展后劲显著增强。金融扶贫的前提是金融本身发展良好，河源市既重视金融扶贫质量，同时也重视金融本身的发展。近年来致力于发展多层次资本市场，着力构建"绿色金融、创新金融、普惠金融"为核心的地方特色金融体系，推动金融业平稳健康发展。鼓励引进银行、证券、保险等金融机构和金融中介，推动发展信托风投、产业基金、融资租赁、动产质押、产权股权交易等金融新业态，培育多元化金融服务体系。金融与经济互动发展的基础是风险控制，2018 年河源市出台了《关于服务实体经济防控金融风险深化金融改革的实施意见》，坚持稳定为前提的发展基调；2019 年河源市政府工作报告提出要大力发展现代服务业，推动生产性服务业向专业化发展和价值链高端延伸，大力发展总部经济、商贸物流、贸易结算、金融保险、风投创投等新业态。2015—2019 年，河源市 GDP 总量由 810 亿元增加到 1 080 亿元，突破千亿大关；农村居民人均可支配收入由 10 803 元增加到 16 030 元，连续两年超过全国平均水平。经济社会整体发展程度的提高为脱贫攻坚提供了坚实的基础。

7.2.3　河源市金融扶贫的模式

河源市根据自己的实际情况，以发展的思路，采取多种方式，全力抓好脱贫工作，大力开展现代种养业，比如茶叶、柑橘、柠檬等金融带动产业扶贫模式，利用深圳对口帮扶转移就业等就业扶贫模式，开拓电商平台等电商扶贫模式，通过盘活土地森林等资产扶贫模式（赖育艺，2020）。这些模式的运行都离不开金融资源的支持，其金融扶贫具体运行模式可以归纳如下。

（1）以普惠金融体系的构建提升河源贫困群体的金融可获得性。普惠金融与传统金融的最大区别就是能显著提升贫困群体的金融可获得性，河源市主要从以下几个方面发力：一是把河源市农村信用体系建设放在重要位置。通过完善建档立卡贫困户信用信息，开展信用村、信用户评定，降低信息不对称，精准施策，为精准扶贫和全面建成小康社会营造良好的信用环境（钟秋萍，2017）。二是丰富农村地区的支付方式，推动便民惠农业务发展。2019 年，中国人民银行河源市中心支行在河源市龙川县率先创建了广东省第一个农村移动支付便民工程示范镇。2020 年，中国人民银行河源市中心支行印发《2020 年河源移动支付便民工程实施方案》，河源市完成首批示范镇选点 6 个，整合"助农取款＋移动支付"打造移动支付惠农站，不断丰富农村支付体系。三是强化现金服务水平。完善现金服务示范区创建机制及硬币自循环工作，充分发挥农村现金服务点的作用，持续提升现金服务民生水平。四是坚持扶贫与扶智并重，以中国人民银行河源市中心支行为龙头，协调各金融机构在贫困村共建校园金融读书角 23 个，把"输血"改为"造血"，提高贫困人口金融素养，为金融精准扶贫创造有利条件（谭霖，2020）。

（2）以信贷产品和信贷模式的创新带动河源特色产业发展助力脱贫攻坚。河源市政府、市县扶贫办、中国人民银行河源市中心支行等和相关金融机构联手，根据河源实际定制扶贫信贷产品，对符合条件的河源居民农户推出"政府贴息、免抵押、三年以下、五万元以内"的信用贷款。以中国人民银行河源市中心支行为主导，鼓励河源市内金融机构开发具有河源产业特色的扶贫信贷产品，先后推出了"精准扶贫贷""扶贫小额贷款""扶农贷""精扶贷"等扶贫信贷产品。结合河源实情，积极创新金融信贷模式，比如"政府保证金＋银行＋建档立卡户""公司＋基地＋农户（贫困户）""农业局＋合作社＋农户（贫困户）"等多种扶贫信贷模式；积极践行"绿水清水就是金山银上"理念，充分挖掘河源生态农业、清洁能源、节能环保等绿色产业资源优势，因势利导，大力推进绿色金融示范市建设，探索"旅游＋扶贫"绿色信贷模式。据中国人民银行河源市中心支行 2020 年数据，截至 2020 年 7 月末，河源市金融精准扶贫贷款余额 10.6 亿元，其中的 53.7％即 5.69 亿元流向产业精准扶贫；2020 年带动服务贫困人口 2 498 人（谭霖，2020）。

（3）小额信贷担保基金的创建为金融资源扩大赋能能力提供保障。河源市五县二区共筹集 1.155 亿元成立小额信贷担保基金，以 1∶10 的杠杆率形成 11.55 亿元贷款额度，已发放免担保小额贷款 4 318.5 万元。东源县、和平县通过小额信贷，大力助推贫困户发展百香果、猕猴桃等特色产业，其中 2017 年就向 110 多户贫困户发放 330 万元小额贷款，增加种植面积 3 500 多亩（赖育艺，2020），小额信贷担保基金的创建为金融资源扩大赋能能力提供保障。为相对贫困人口通过产业增收提供资金支持。

（4）惠民保险产品池的开发为贫困群体抵御风险保驾护航。河源惠民保险产品池包含"农产品价格指数保险""农产品自然灾害保险""医疗扶贫保"等产品。2017 年以来，"农产品价格指数保险""农产品自然灾害保险"共为 658 户贫困户购买农业保险，提高贫困户种养项目抵抗风险能力，提高贫困户发展生产的积极性。在落实贫困人口城乡居民基本医疗保险、大病救助的基础上，河源市引入"医疗扶贫保"，资助有劳动能力的贫困户购买商业保险，增强其医疗保障，切实减轻贫困户看病、住房负担，斩断因病致贫根源。目前共为 4 600 多户贫困户购买扶贫保，减轻群众负担 750 多万元（赖育艺，2020）。

7.2.4 河源市金融治理相对贫困存在的不足

（1）金融治理上存在门槛制约。虽然河源市已运用普惠金融等金融形式来增加居民的金融获得感，使更多居民可以享受到金融带来的便利和服务，但是对于正规、大型的金融机构而言，它们并没有放低其门槛要求，贫困地区最常可以用于抵押的农房、林地等都不在大型金融机构的可抵押范围内，因此这部分贫困群体无法用这些进行抵押贷款，在该方面，还是存在着门槛制约。

（2）金融成本较高。在运用各种金融方式进行相对贫困的治理时，金融机构受贫困地区的环境影响，在进行金融服务时难以真正了解服务对象的信用情况，可能会形成道德风险而造成损失，而且，由于贫困地区所属地区地理环境经常较恶劣，进行金融服务时历时周期较长，各种局限都在无形中使金融在治理相对贫困时的成本提高了。

（3）监管存在不足。金融在治理相对贫困上，很多举措都还是处于试验阶段，相关的法律法规尚未明确。这种缺乏有效监管机制的情形，容易导致像信贷资金等的错位，难以发挥最精准的作用，精确地用于治理相对贫困。

7.2.5 河源市相对贫困金融治理建议

针对相对贫困的治理，河源市可以在金融治理绝对贫困的基础上，结合相对贫困的特征，在充分吸收国内外先进金融扶贫模式的基础上，扬长避短，构建相对贫困金融治理长效机制。

（1）以项目为先导撑好河源相对贫困金融治理的支点。绝对贫困的治理经验以及国外金融治理模式都表明项目是相对贫困金融治理的重要支点。河源市的地理位置有独特优势：一部分处于粤北山区（有 1.2 万 km² 的生态发展区），一部分处于珠三角（有与珠三角连成一体的 3 000 多 km² 的重点发展区），这是建设"生态河源、现代河源"发展战略的基础。同时河源有着"客家古邑，万绿河源"的美誉。河源可充分利用这些独有的自然风光、民族习俗等资源，把金融资源往种植业、养殖业、林业和休闲旅游业上转移。坚持短平快与中长期相结合，提高与市场的关联度，全力推进"一户一产""一村一品""一乡一业"建设，培养一批优势明显、市场欢迎、增收能力强的项目。

（2）以财政资金小投入撬动社会资本大投入，搭好河源相对贫困金融治理的杠杆桥梁。河源财政资金有限，需要以财政资金的合理引导，搭好"时效、范围、方式"均合理的杠杆桥梁，搞活民间金融，用潜在社会资金撬动河源社会活力。通过顶层设计、政府主导，整合相关金融政策和资源，融入粤港澳大湾区建设，规划建设河源金融产业集聚区，形成民间金融、农村金融、生态金融融合发展的格局，以财政资金小投入撬动社会资本大投入的方式，搭好河源相对贫困金融治理的杠杆桥梁。金融扶贫应立足当前、着眼长远，摸准贫困户最迫切的基本生存问题和基础设施建设困扰，建立绿色金融服务平台，通过绿色信贷、绿色债券、政府和社会资本合作模式等支持河源环境综合治理、支持河源节能低碳环保基础设施建设以及河源产业园区绿色低碳循环发展。明确金融支持的目标、重点、方式，确定帮扶规划，最大限度降低当地发展成本。同时，要增强小额贷款的针对性和便利性，适当放低门槛，畅通绿色快捷渠道，满足紧急资金需求。

（3）以提高金融可得性为手段，用好河源相对贫困金融治理的推动力。与珠三角地区相比，河源地区低风险、高回报的项目相对较少，政府必须发挥主导作用，做好政策保障和实践担当。在积极推进河源农村信用体系建设的基础上，营造健康征信环境，抓好金融扶贫服务站和扶贫再贷款示范点建设，让信用评价精准联动。继续完善相对贫困户的信用信息建设，加快推进信用户、信用村、信用乡镇创建。继续完善和丰富农村支付方式，稳步落实《2020 年河源移动支付便民工程实施方案》，推动便民惠农业务发展。要扩大扶贫激励效应，提供一定资金用以贴息及奖励补助，探索建立由财政出资的扶贫信贷风险补偿基金，给有意参与扶贫的金融机构吃下定心丸。继续深化金融改革，完善金融产品与融资需求对接平台，不断创新金融产品和服务，持续为相对贫困群体提供优质的金融服务，在服务过程中实现金融机构自身的发展，增强金融扶贫的可持续性。

（4）以提升能力建设为目标，用好河源相对贫困金融治理的赋能功能。相对贫困金融治理的核心是通过市场化手段提升相对贫困群体的能力构建，通过能力提升降低相对剥夺感（吴振磊，2020）。强化相对贫困家庭成年人群体劳动力技能培训，继续完善"粤菜师傅""农村电商""南粤家政"等免费技能培训；提升对相对贫困家庭子女教育的扶持力度，鼓励各级各部门采取奖教奖学的办法，增加或扩大教育保障，重视智力投资支出，打破贫困的代际传递。

7.3　大学生相对贫困与金融治理

2021 年，我国脱贫攻坚战取得全面胜利，"巩固成效、深化提质"成为新主题。党的十九届四中全会明确提出要"巩固脱贫攻坚成果，建立解决相对贫困的长效机制"。党的十九届五中全会发布的《国民经济和社会发展第十四个五年规划和 2035 年远景目标纲要》再度提出要"建立健全巩固拓展脱贫攻坚成果长效机制",可见国家对贫困问题的重视程度。大学生群体是国家经济建设和社会发展的生力军,而相对贫困的大学生作为贫困人口中数量占比高且最具发展潜力和最富可塑性的群体,是相对贫困家庭中的"新生力量",更是带动家庭摆脱贫困的"关键变量",也是巩固脱贫成果的主要人群。因此,有必要审视大学生相对贫困群体教育面临的挑战,构建大学生相对贫困治理、形成稳定脱贫攻坚成果的长效机制。本研究以广东技术师范大学的大学生群体为例,通过问卷调查的方式,对大学生相对贫困的现状及其产生的主要原因进行分析,并从金融治理的角度提出相应的对策建议。

前面已经提到,绝对贫困和相对贫困是人类经历过的两大阶段。绝对贫困主要强调物质的贫困,而相对贫困除了物质贫困之外,还关注能力贫困、权利贫困等(Sen,1982)。Townsend(1979)认为是由于"相对剥夺"的存在而导致的相对贫困,指出相对贫困包含社会排斥与社会剥夺的因素。Sen(1999)则用"能力贫困"来解释相对贫困,主张以"可行能力剥夺"来看待贫困。大学生的贫困问题最初主要关注的是经济贫困,杨秋玲(2019)等学者认为家庭经济的相对困难是贫困学生与其他学生最显著的差别。而对于知识能力而言,相对贫困的学生缺乏学习的资源以及实践的机会,使他们的视野受限、知识面较窄,并且存在社交活动能力较差、处理事情的能力不强的问题等,这也就导致了相对贫困学生的综合能力较弱(车昆,2019;齐柳,2014)。同时,经济情况的相对较弱导致贫困家庭无法负担技能培养的费用,这也就导致了贫困学生不仅缺乏计算机、外语等技能的培养,还缺乏音乐、美术等艺术能力的熏陶,使得他们与其他学生的差距更大(杨秋玲,2019)。而贫困学生在经济、综合能力等方面的差距又会让他们产生巨大的心理落差,从而陷入自我怀疑的境地,这样往往会导致学生产生自卑、焦虑、敏感等心理问题(周明晶,2019)。此外,能力的不足以及心理上的压力就很可能会导致贫困学生就业困难。曾继平(2012)等学者认为贫困大学生往往会因想拉近与他人的差距而产生强烈的就业需求并且期望较高,然而综合实力本就相对弱势的他们又处于就业的劣势地位，进而导致难以就业的情况。

黄维等（2018）认为反贫困是大学生资助制度的天然使命。长期稳定的大学生资助制度降低了相应家庭的经济负担，提升了贫困家庭子女进入大学的机会及其人力资本投资，从而实现其就业机会和经济收入的增长，因而也是反贫困的重要手段之一。付卫东（2021）等学者认为满足相对贫困大学生的经济需求还是很重要的，但需采用创新资助模式，在金额上采用阶梯式资助，方式上则借鉴有条件现金转移支付的方式，以提升资助的效益。黄维（2018）等学者认为应该采用多元化、个性化的资助方式缓解大学生的相对贫困，关注学生心理素质提升，对学生的个体发展能力进行有效的培养。对于相对贫困学生而言，提高综合素质无疑是很重要的。新时期缓解学生相对贫困需通过教育引导、鼓励学生参与实践活动，提高学生的自主性，从而提升该部分学生的可行能力，增加就业竞争力；同时，政府也应该协同其他社会机构，加大相对贫困学生的能力、素质的培养力度，促进学生全面发展（周彩云，2020）。提高相对贫困学生创业积极性，也是缓解他们就业贫困的重要方式。对于大学生就业创业活动，因大学环境及专业化的影响，创业能力即机会识别能力对创业的影响是非常大的（Bart Clarysse，2011）。政府可通过构建创业园等为贫困大学生提供创业的物质网络支持，以提高大学生的创业机会识别能力，并且可以通过降低市场准入门槛、减免税费等方式帮助贫困大学生增强创业经济能力，以小额担保贷款政策、创业基金等提高学生的融资能力等（李莹，2021）。

相关研究表明，在拉美国家，如果家庭成员只接受初等教育，贫困的发生率为 41.3%，而如果家庭成员接受高等教育，贫困发生率仅为 5.1%（徐淑红 等，2016）。因此，大学生对于相对贫困金融治理意义重大，但其机制体制等都还不完善，还有很大的提升空间。

7.3.1　大学生相对贫困及其金融治理的理论分析

1. 大学生相对贫困群体的特征

相对贫困是相对于绝对贫困而言的，通常是指个人在无政府、社会及他人的资助情况下，依靠自身的劳动获得以及其他合法的收入，能满足最基本的食物需求，即无饥饿问题，但是无法达到在他所在地区被认为的最基本的其他物质方面的生活条件，包括享受到的美食、居住的场所、参与某些活动的权利，等等。相对贫困不仅仅是物质获取方面不及于他人，还包含其他社会权利获取方面。因此，相对贫困群体通常会表现出以下特征。

第一，脆弱性高。相对贫困人口通常是从绝对贫困人口中进化而成的，一般贫困人口的脱贫途径主要是依靠政府的救济金支援，通过这种途径实现脱贫的群体没有固定经济来源，收入没有持续性，仅凭政府和社会各界的救济支援，无法维持长期稳定的生活条件，因此这类相对贫困群体很容易"一朝回到解放前"，返贫的概率大大增加。相对贫困大学生群体中也存在该问题，他们高度依赖政府援助金和助学金，但在自我能力提升方面欠缺，以至于当他们步入社会后容易因缺乏竞争力而在职场上被淘汰，从而在毕业时又回归相对贫困队伍中。

第二，相对剥夺感强。相对剥夺包含社会排斥与社会剥夺，社会排斥是指某些人遭遇到诸如技能缺乏、失业、收入低下、住房困难、身处罪案高发环境、缺乏健康以及家庭破裂等综合性问题交织在一起时所产生的现象。社会剥夺是指儿童在幼儿时期被强制处于孤立的环境，无法与社会接触和接轨，剥夺了儿童对社会认知、评价的权利。相对贫困人群由于只能维持基本的食物保障，绝大多数时候他们无法公平地享受住房、教育、医疗等各种社会保障，在参与社会活动、享受国家红利方面处于劣势，当他们将自己的处境与社会中其他普通人相比较时，发现自己在各方面处于不利地位，容易产生受剥夺感，表现为对社会失望、愤怒、怨恨和不满，对自己的生活条件感到不满意，幸福感很低。大学生相对贫困群体在相对剥夺感方面的表现尤为明显，处于相对贫困状态中的大学生由于自身经济能力不如其他同学，容易产生心理问题，表现为自卑、消极、孤僻等不健康的情绪。

2. 金融扶贫的作用机理

对于大学生相对贫困群体而言，金融扶贫的作用体现在金融服务可获得性增强,通过加深金融服务的惠普程度,降低大学生的相对剥夺感,提升幸福感。提升包括商业银行在内的正规金融以及非正规金融如民间借贷等,直接将金融服务落地,帮助解决大学中现存相对贫困的现状,提高学生生活水平,提升幸福感。金融机构可以根据大学生相对贫困群体的实际情况,特别是其所在家庭的情况,为其个性化定制金融产品,积极普及金融知识,增加其金融服务的可获得性,使得更多大学生相对贫困人群利的家庭用银行贷款服务发展自身经济,摆脱相对贫困状况,促进脱贫的有效性和可持续性。同时可以及时了解学生需求,用好国家助学贷款等财政金融政策,配合心理辅导等形式,通过提高学校生活质量,提升其对未来美好生活的信心,降低大学生相对贫困的发生率。

7.3.2　广州大学生相对贫困的基本情况

为了了解广州大学生相对贫困的基本情况,本研究以广东技术师范大学的学生为样本,进行问卷调查。之所以选广东技术师范大学的学生为样本,原因有二,一是对于课题组而言,数据可得性强;二是广东技术师范大学是一所具有硕士学位授予权的省属普通高等学校,从招生层次上属于二本高校,也就是说处于广州高校的中间位置,样本具有一般性和代表性。本研究以相对剥夺感来衡量相对贫困,通过问卷调查了解广州大学生是否存在有相对剥夺感的现象。本次共采访了 277 个学生,其中 61.37% 来自农村,83% 来自广东省。通过数据整理,让学生对自身的社交能力、学习能力、合作能力、家庭关系以及远见能力五个方面处于广师大学生中的水平等级进行自我评价,并调查学生的经济条件,从而分析广师大学生相对贫困的情况和主要原因。其中,各种能力的自我评价按照 1～7 分的分数给出,1～3 分为低水平,4 分为中等水平,5～7 分为高水平,评价分数越高,所处水平越高,相对剥夺感越低,即相对贫困度越低。

1. 社交能力

通过数据,本研究发现大约有 39% 的学生认为自己生日收到的祝福数量以及亲密好友的数量处于低水平,然而有 44% 的学生认为好友对自己的关心程度处于高水平，有40%的学生认为自己在需要帮助时提出请求的能力在广师大学生中处于高水平。这说明学生的社交广度虽然不大，但是社交的有效性和社交质量是较高的。数据显示平均约30%的学生对自己的社交状况持满意的态度，大约13%的学生对自己的社交状况感到不满（见图7-4）。

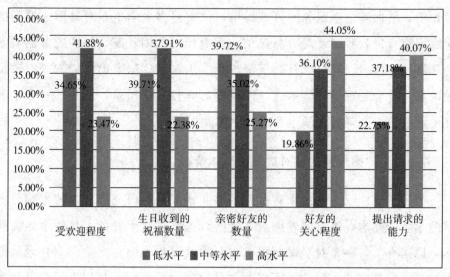

图 7-4　广师大学生对自身社交能力的评价

2. 学习能力

在学习效率方面，有32.13%的学生认为自己处于全校学生当中的低水平，并且有46.21%的学生认为外界环境影响了他们的学习效率；30.32%的学生认为自己的自制力处于低水平的等级；而值得注意的是，有大约半数的学生认为自己获得奖学金的情况以及获奖情况在学校中处于低水平；在执行力方面，有38.99%认为自己是处于较高水平，只有20.57%认为自己处于低水平。总体而言，学生对自己的学习能力评价不高，具体表现为学生的学习效率低、自制力不强、学生在校获奖的数量不多、获奖的含金量不高，并且大约1/3的学生对自己的学习能力现状与目标状况的差距感到不满。好的方面是学生的执行能力较强，且80.5%的学生对自己的执行能力持有着中性或满意的态度（见图7-5）。

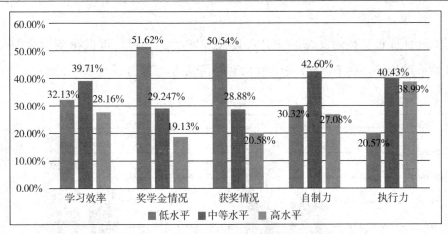

图 7-5　广师大学生对自身学习能力的评价

3. 合作能力

超过 20％的学生认为自己融入班级的程度处于低水平，这意味着一个 50 人的班级里就有约 10 位学生认为自己无法融入班集体；但是超过 70％的学生认为自己在小组话题讨论中领导话题走向的能力处于中等或以上水平，而有接近 80％的学生认为自己的表达能力高于平均水平。这说明学生在小组合作中的自我感觉总体较好，学生在小组合作时对自己的表现较为满意（见图 7-6）。

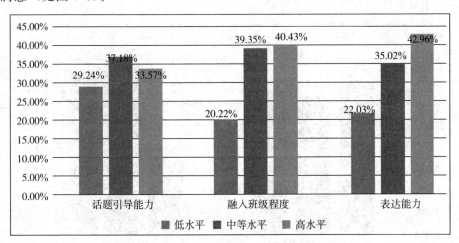

图 7-6　广师大学生对自身合作能力的评价

4. 家庭关系

通过分析学生对父母的支持程度和相互关心程度,可以得到学生与父母的关系较好,约有 55% 的学生在家庭关系方面做出了高水平的评价(见图 7-7)。

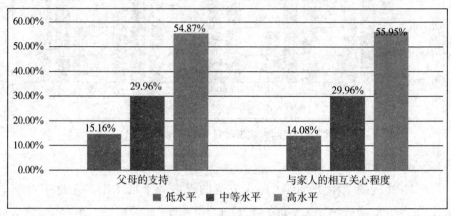

图 7-7　广师大学生对自己家族的评价

5. 远见能力

在学生对自己的未来规划的清晰程度上,各个水平学生的占比基本持平,大约各占 1/3,而在思想深度上,有接近 80% 的学生认为自己处于中等水平及以上(见图 7-8)。

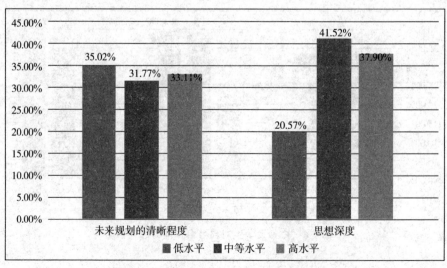

图 7-8　广师大学生对自身远见能力的评价

6. 经济条件

数据显示，有 13％的学生曾经因为学费或学校生活费向银行借款或申请国家助学金；学生家庭中有 9.39％的比例因为学费以及生活费问题向亲朋好友或民间借贷；同样有 9.39％的学生家庭接受过社会捐助。

目前没有一个明确的关于相对贫困线的标准，通常的做法是把人口的一定比例列为相对贫困群体，例如部分 OECD 国家将社会中位数收入的 50％作为相对贫困线。而根据我国的经济发展情况以及人口规模，笔者认为将相对贫困线设为城乡居民人均可支配收入中位数的 40％比较可取。本研究界定得分 1～3 分的为低水平等级，分别计算得分为 1 分的大学生占比为 6.92％，得分为 1～2 分的占比为 13.79％，得分为 1～3 分的占比为 29.57％。也就是说，对相对贫困的划分标准不同，相对贫困发生率的会有差异，但大学生相对贫困发生率不低于 6.92％。政府补助对于贫困的学生帮助较大，但银行借款、民间借贷、社会捐助等其他新时代金融策略的帮助却占比非常小。通过问卷的调查结果，归纳出学生相对贫困的产生原因主要有以下三点：第一，学生在校园生活中与同学或舍友的关系不融洽，导致学生认为自己的社交能力差，并对当前自己与同学的相处状况感到不满意，从而引起社会剥夺感的产生。第二，学生在学习上对自己的成绩感到不满意，认为自己的学习效率、学习能力较低，并且学生在学习效率方面认为自己受到环境的影响显著。第三，学生家庭的经济条件差，需要依靠借款来完成学业，也是学生成为相对贫困人口的原因之一。

7.3.3 研究结论及金融治理长效机制构建对策建议

1. 研究结论

本研究在理论分析的基础上，基于广东技术师范大学大学生相对贫困（相对剥夺）调研数据，从金融治理的角度分析了广州大学生相对贫困状况。结果表明：至少有 6.92％的大学生处于相对贫困状态中。大学生相对贫困的原因主要有三点：与同学相处不融洽、学习成绩不理想、家庭经济条件较差。金融扶贫可以提升大学生金融服务可获得性，降低大学生的相对剥夺感，缓解相对贫困状况。

2. 对策建议

第一，构建以融资与融智为核心的提升大学生能力建设的脱贫体系。

强化高校管理人员的指导教育职能，为学生提供勤工俭学岗位，以提升学生自主能力，激发相对贫困大学生的内生动力。在摆脱相对贫困的过程中，除去外在的社会帮助，更应该加强激发相对贫困大学生的内在动力，即让其通过自己的奋斗，努力逐渐摆脱相对贫困。因此对于学校来说，首先要加强社会主义核心价值观的教育并加大宣扬中华民族传统美德；其次，学校应该加强对相对贫困大学生专业技能的提升，以便其在大学期间就能有良好的智慧技能，提高其能力；最后，要多采用开发式帮扶，引导相对贫困大学生通过自己的努力摆脱相对贫困。

第二，以金融为纽带完善多方参与的大学生相对贫困治理架构。

大学生的相对贫困治理应以调动内生动力为根本，其治理架构必须以金融为纽带。首要的就是必须正确处理政府、市场和社会的关系，形成"政府主导、社会参与、市场促进"的有机整体。从政府政策来看，其应该加强在金融市场的主导地位，并将其主导优势高效运用。并且政府应该针对相对贫困大学生的现状制定并完善帮扶相对贫困大学生的政策体系，并利用自身主导地位加强该体系在市场中的落实与实践，为确保相对贫困帮扶机制的落实与回馈加强完善监督体系。从社会机制来看，应该动员广泛的社会力量参与相对贫困治理机制，让社会组织、机构、群众放心帮助相对贫困大学生，焕发内在动力。因此要更加落实解决非正规金融信息不对称的问题，完善大学生民间借贷的法律法规体系，进一步加强监管，以保障大学生借款的安全性，便于日后的脱贫发展。从市场机制来看，充分发挥社会主义市场经济的制度优势，让处于相对贫困的大学生能尽快地加入市场企业中，通过自身力量，成功脱离相对贫困。

第三，优化非正规金融对相对贫困大学生帮扶的保障制度。

非正规金融借贷款因为低门槛、方便迅速、担保规范性弱等特性，对于大学生借款的持续性保障较小。因此，对于非正规金融的借贷，首先应该构建起较为全面的信息供给制度，确保大学生与借款方的信息是透明的；其次，应该完善大学生民间借贷的法律法规，完善大学生非正规金融借贷的交易环境；并且，非正规金融机构可以根据不同地区相对贫困大学生情况的不同，适当改变其借贷款策略，因为大学生的相对贫困问题不可一概而论。如沿海城市的大学生相对贫困标准要高于内陆地区大学生的相对贫困标准，在确定相对贫困标准的同时，还要根据相对贫困大学生的实际分布，在提供就业指导、提供就业岗位等方面向相对贫困地区倾斜。而广州位列一线城市，经济发展程度较高，因此应更加鼓励当地政府企业协同帮助，助力相对贫困制度的建立。

第四，鼓励银行为相对贫困大学生提供个性化贷款产品。

相对贫困大学生具有以下特点：一是相对贫困大学生经济条件不佳，没有可抵押的物件。二是部分相对贫困学生高度依赖政府救济金，而自身缺乏竞争力，导致在进入社会工作时容易被淘汰，从而又返回贫困群体。银行可以为大学生定制特殊的贷款条约，例如无须抵押任何资产即可获得贷款，根据学生在校的学习成绩、综合素质评价来评定是否为该学生提供贷款以及贷款利息的数额，以此激发相对贫困学生自我能力提升的意识，提升贫困学生的就业竞争能力。

第五，支持高校和金融机构合作培养人才

金融机构与高校合作，为相对贫困大学生创办创新创业项目，鼓励贫困学生开辟创新创业道路。金融机构可以对学生的创业项目进行评估，从中挑选出可行性强、收益可观、风险可控的项目进行投资，帮助贫困学生完成创业计划，通过创业的方式脱离相对贫困群体。支持保险公司等金融机构通过产学合作参与人才培养，同时为相对贫困大学生提供相应的保险服务。

第8章　金融扶贫的案例分析

8.1　相对贫困金融治理国外经验

贫困是一个世界性难题，国外很多金融扶贫模式和成功经验，能为我们开展相对贫困金融治理提供很好的参考与启示。

8.1.1　格莱珉银行模式

格莱珉银行模式作为一种成熟的金融扶贫模式，源于1974年穆罕默德·尤努斯在孟加拉国吉大港乔布拉村的小额贷款实验，由贫困群体作为贷款的主体，采用具有特色的贷款方案解决了贫困群体的贷款的难题。它从一笔微不足道的27美元贷款开始，变成了一家拥有2 185个分支机构、近600万借款人和18 151名雇员的农村银行，还款率达98.89%。迄今为止，已贷出53亿美元，已经帮助400万贫困人口摆脱贫困并自力更生，并且能够获得利润，同时实现了扶贫和盈利两个目标。到目前为止，格莱珉模式已经在多个国家进行推广实践，数以百万计的贫困人群摆脱了贫困。格莱珉银行模式的中心思想是：第一，它主张提倡社会价值的最大化，并秉持保本微利理念。第二，遵循资源的最佳配置，并结合企业汇集多方力量。第三，持续创新的理念，力求实现多元化，最终目的是解决客户的贷款难题。第四，扎根以人为本的思想。其在扶贫方面所取得的成就是举世瞩目的，以至于其创始人穆罕默德·尤努斯因此获得了2006年诺贝尔和平奖。

其特点可以归纳为以下四点：一是格莱珉银行最主要的客户群体是当地最贫困的家庭，特别是有妇女的贫困家庭最容易成为其服务对象；二是格莱珉银行贷款额度小、期限短，还款方式在当时显得非常特别也极为关键，就是设置多个还款周期，每个周期期间设置了还款限额，这可以说是后来市场上广为流行的分期还款的早期实践；三是建立一个五人联合担保的小组，小组成员监督彼此的还贷情况，并形成内部约束机制来取代传统贷款的抵押担保制度；四是定期召开小组会议，指派银行专员出席会议，检查符合要求的贷款资金使用情况，帮助小组成员办理申请贷款和还款程序，并普及现代化的经营管理理念和前沿科技知识，增强贷款人的还款能力。格莱珉银行的成功经验可以体现为"借款人明确的分层组织结构设计、'2+2+1'累进的信贷机制以及利率的市场化"，这种致力于专门为穷人服务、秉持可持续金融扶贫理念的普惠金融模式在很多国家得到效仿和推广，也为我国相对贫困治理提供了很好的可借鉴样本，可根据我国的实际情况，因地制宜地进行有选择的学习。

8.1.2　印度尼西亚人民银行农户小额信贷服务模式

印度尼西亚人民银行农户小额信贷部（BRI-UD）在 1970 年成立，其最初目的主要是为农户提供政府水稻生产计划的贷款补贴。拥有 3 600 家网点，网点的运营成本和坏账率高，农村银行承担不起风险和损失，最终依靠补贴维持运营。BRI-UD 于 1984 年进行了机构调整和制度改革，并在一次性注资 2 000 万美元后不再向人民银行给予补贴。在政府协助中，印尼人民银行决定对农村银行体制进行改革，以使其可以独立操作运营。改革的主题是独立运作、核算和自负盈亏。改革后，印尼人民银行的农村小额信贷体量快速提升，利润逐年增加。该次改革取得了突破性的成功，BRI-UD 成功从主要依靠国家补贴的国有银行过渡为自负盈亏的商业性银行，它按照商业化原则，实现了农户的信贷需要，并且自身的运营成本得到很好的降低，实现了可持续发展贷款，并获得了巨大的利润。1997 年东南亚金融危机期间，印尼农村银行中的小额贷款业务的总体收益维持增长，但是其他业务则发生剧烈下跌。目前，印尼人民银行的小额信贷活动约占该银行总贷款项目中的 30%，其产生的利润比例占总利润的 40%，贷款金额较少但是获得利润占比较多，总体坏账率很低。

其主要特点如下：第一，信贷部是印度尼西亚人民银行重要的机构组成部分，但采取商业化的运营规则，自主经营、自负盈亏，独立核算；第二，核心业务是吸收自愿储蓄以及发放小额贷款，通过返还部分资金的方式（客户如果在半年内每期都能如期偿还贷款，信贷部将每月返回其贷款本金的 0.5％作为守信奖励，反之，其贷款利率会提高到 42％作为失信惩罚），激励借款人按时还款；第三，以满足客户需求为中心，信贷部所有的贷款以及存款等产品，全部根据客户需求来开发；第四，追求收益性，信贷部的产品设计考虑的是必须在没有补贴的前提下，能够覆盖信贷部的运行成本，实现可持续发展。

8.1.3　巴西代理银行普惠金融模式

巴西十分重视普惠金融的发展，不仅通过国家立法支持，还成立了全国普惠金融委员会，目的在于把普惠金融服务惠及全国，支持小微企业发展，为他们提供信贷支持。巴西农民的数量很多，地区较偏远，加上巴西高原众多等地理原因，很难在偏远落后的地区设主金融机构的分支机构。所以，巴西针对这一情况，尝试设立非银行机构的代理机构，银行代理机构是巴西最具特色的创新，代理机构范围十分广泛，包括超市、药店、邮局、便利店等，在这些代理机构安装基础设施，例如 POS 机、ATM、条形码扫描仪等，银行还要与各代理机构签订各种必要的协议，代理机构对银行的基础功能进行展开，具有转账支付服务以及存取款的功能，不仅增加了商业实体的收入，也减少了银行在贫困落后地区设立分支机构的成本，给当地的人民带来很大的便利。巴西代理银行的快速发展离不开其强大的支付系统和基础设施，让其代理银行的数量和覆盖面都在世界范围内领先。代理银行为贫困人口提供较低门槛的金融服务和金融产品，简化各类标准，扩大了服务渠道，加大服务力度，满足了偏远地区更多贫困人口的金融需求，使更多人受益。巴西的这种代理银行模式提高了金融服务的覆盖率和可得性，满足了偏远地区贫困民众的金融需求，拉近他们与金融的距离，

为贫困民众脱贫带来了福利，同时也降低了银行的运行成本，是一种值得
学习和推广的普惠金融发展模式。

8.1.4　爱尔兰贷款基金模式

爱尔兰贷款基金模式的发展得益于爱尔兰中央贷款基金委员会在 1938
年之后发布年度报告来监督小额信贷系统的行为。在贷款业务方面，其贷
款基金与格莱珉银行一样，也是把最底层的穷人作为目标客户群体，该目
标群体包括贫困小农户、小商贩和普通劳动者等。在管理方面，构建"经
理人由客户选举、由员工来负责监督基金运作，由中央贷款基金委员按规
定时间监督检查基金的年度报告等"机制，从而避免经理人滥用职权，保
证贷款基金规范运行。贷款基金能够可持续经营，服务对象是相对贫困群
体，说明能够达成双赢，可以成为借鉴学习的对象。

8.1.5　肯尼亚手机银行普惠金融模式

肯尼亚作为非洲最具代表性的发展中国家，贫困人口数量非常多，几
乎占总人数的一半，但金融机构网点主要集中在城镇地区，农村的金融基
础设施落后，网点稀少，在偏远地区的众多人口却享受不到金融服务，拥
有银行账户的居民少，但是手机的普及率高。2007 年，肯尼亚移动运营商
Safaricom 推出手机支付 M-Pesa，该系统主要由三部分组成，分别是后台
系统、手机客户端应用和代理商网点，实现了账户查询、转账汇款等金融
服务，该支付产品推出之后，为了吸引客户，整个注册过程都是免费的，
不仅引导客户完成注册，还把基本的知识介绍给客户，让客户快速了解这
一产品，由此发展得非常快，陆续推出更多业务，手机银行使偏远贫困地
区的人民享受到金融服务，也给各国普惠金融提供了新的思路。肯尼亚普
惠金融的成功也离不开该国积极构建普惠金融体系，中央银行非常重视广
大贫困群体的金融需求，不断探索创新金融产品，以满足社会各阶层，特
别是特殊群体的金融需求，同时设立风险监管机制，防范各类风险，根据
不断更新的产品推出合适的监管制度，真正发挥监管的作用。

8.2 国内案例

8.2.1 浙江省永嘉县"金融＋产业"模式

浙江省永嘉县的发展模式是通过金融助力农业，再用农业激活经济，由此带动了旅游业的发展，再促成工业的发展。首先永嘉县通过提高灌溉技术，改进耕种方式，使用机械化大规模耕种农作物，提高了农作物的产量，使农业增收。并且永嘉县通过包产到户的改革改制，激发了农民耕种的热情。在此，永嘉县利用农业产生的经济活力，开始拓展旅游业的道路，为游客打造体验农业种植、观赏好景色、民宿、购买当地特色产品的一条产业链。2018 年永嘉县农商行依照当地旅游业的发展，推出了一款名为"美丽景区村庄贷"的产品，该产品是永嘉县农商行为支持本县乡村振兴所提供的系列产品之一，该系列还有"民宿贷"等产品。

早在 20 世纪改革开放之时，永嘉县的桥头镇就开始加工生产服装的纽扣、拉链等辅助材料。多年来，随着工业集聚的规模扩散，桥头镇逐渐成为服装辅助材料的生产基地，形成了以纽扣等为龙头的产业群。永嘉县也成了全国的"纽扣之乡"，打造了中国的首个小商品专业批发市场，引起全国的关注，并且成为发展的典范。

永嘉县经济的发展也离不开民间金融的作用。迄今为止，永嘉县一共有 18 家基层商会，在杭州、北京、上海等地有 20 多家异地商会。这些商会与政府、企业搭好桥梁，整合信息、人力等资源，向着全国乃至全世界扩张市场。外出务工、经商的永嘉县人已有 30 万，现在遍布全国各地[①]。

关于相对贫困，永嘉县已经意识到城乡发展不均的问题。针对于此，

---

① 数据出自永嘉县总商会官方网站。

永嘉县打算通过推行数字化改革，立足于高质量、高产量的农业，生态旅游资源，创造更加丰富的经济效应，缩小城乡差距，打造一个适合居住、农民富足的未来乡村。

8.2.2　河南省兰考县普惠金融改革试验区模式

兰考县普惠金融改革试验区成功地研究出了可供其他地区推广和复制的普惠金融模式，而在这其中，数字普惠金融是未来国内普惠金融发展方向，兰考县的普惠金融模式对全国其他区域有较大的示范和参考价值。兰考县通过数字技术与金融的有效融合，开创出数字综合服务平台为核心的"一平台四体系"普惠金融模式，"线上线下双驱动、供给双方共参与、产业金融双融合和政府权力保障"的运行机制。兰考县普惠金融模式加强了对设施的建设，运用了金融科技，建立了信用长效机制，探索出创新风控模式，有效地推动了农村地区的普惠金融发展，在一定程度上填补了发展空白和供求双方之间的信息差。同时也得出了在普惠金融建设中需要坚持以人民为中心、加强普惠金融改革创新、大力发展数字普惠金融，以及要积极凝聚各方合力的启示。

"一平台四体系"模式主要是由"普惠通"APP平台、金融服务体系、普惠授信体系、信用信息体系以及风险防控体系组成的。将"普惠通"APP和普惠金融服务站联系起来，形成线上线下共同驱动，把金融机构与农户相连接，打开了双方的供给和需求端口，形成了农户发展产业，产业结合金融带动农户增加收入和就业的链条。政府在这之中担任参与者和指导者的角色，为双方进行促进以及条件的减轻和标准化。

兰考县的普惠金融模式就是由"线上线下双驱动、供需双方共参与、产业金融双融合以及政府做好服务和保障"这样的运行机制在相互辅助、相互促进，从而达到增加收入的效果。线上线下双驱动主要是让处于线上的"普惠通"APP将相关的金融服务资源提供给有需要的用户，把这些需求引到正规的金融服务体系以及便民服务体系中，线下的银行、证券、保险等机构提供金融服务。这样，用户就可以在线上进行多种金融服务，机构则扩大了用户人群，拓宽了交易的渠道。同时接入民生领域的各种系统如医疗挂号缴费、水电通信生活缴费等，提高办事的效率，简化交易的流程和时间。线下则设立普惠金融服务站，为对数字金融概念不清楚的农民、贫困人民、残疾群体等提供更便捷有效以及有安全保障的金融服务，使更大的群体能够纳入普惠金融的服务范围，并且数字普惠金融得到更好的推广效果，提高人民的数字金融素质。线上线下相结合的机制降低了普惠金融服务所需要的成本，减少了供求双方之间的信息差，提供更有保障的普惠金融服务，加大了兰考县金融发展的动力，使经济发展更加活跃。而供给双方共参与则是令金融机构从供给方面提供有针对性的信贷产品，使更多群体能够得到普惠金融的服务，特别是县域农村地区。而农户从普惠金融服务中受益、收入增加，便会更加积极主动地参与普惠金融，激发农户这一群体对金融服务需求的内生动力，扩大其对金融服务的需求，从而使人民与金融机构双方都变得更加活跃，促进当地的区域经济发展。政府做好服务和确保障主要是对各部门进行普惠金融培训，提高人们对普惠金融的认知和了解，通过各种方式对农户等进行普惠金融的相关知识宣传，运用普惠金融的创新模式，逐渐改变农户对金融服务的刻板印象，使更多农户能享受到普惠金融服务，通过实际体验来加深这部分人群对普惠金融的认知，激发他们通过普惠金融去进行生产、增加收入的动力。对于金融机构，政府应通过积极的调研，使金融机构对发展方向和主体有更加清晰的认识，提供有效的信息，打造数字普惠金融服务平台，使更多人能够有效地得到普惠金融的服务。

2016年国务院批复同意兰考县设立普惠金融改革试验区，央行与河南省政府及相关部门联合印发了《河南省兰考县普惠金融改革试验区总体方案》，通过数字科技与互联网金融相结合的方式，创新出"一平台四体系"模式，创新普惠金融的多种形式如建设普惠金融小镇。在"一平台四体系"模式运行之后，兰考县的经济发展明显增快，在2017年成功脱贫，成为河南省第一个脱贫的贫困县，金融服务的覆盖程度和服务深度有明显的提升。普惠金融改革试验区帮助建设全面小康社会，加快了乡村振兴。在2016年至 2019 年中，通过普惠金融发展，兰考县人均 GDP 超过了河南省的人均 GDP，实现了人均 GDP 的快速增长，2020 年兰考县的生产总值达到了 383.24 亿元，2021 年突破 400 亿大关，GDP 达到了 406.76 亿元。

8.2.3 江苏省沭阳县的乡村产业振兴发展模式

沭阳县位于江苏省宿迁市，其得天独厚的地理位置以及气候，让沭阳县拥有种植花木的自然条件优势，有"中国花卉之乡"的美誉。截至 2021 年 3 月，沭阳县的花木种植面积已达到 60 万亩，目前是我国面积最大的花木基地。

为了更好地响应"三农"政策，助力乡村振兴战略，沭阳农村商业银行结合了其地域特点，突破传统规定，创新推出了以"再贷款＋花木贷"的组合为形式的产品，该产品根据花木成长的周期来规定还款的时间，这打破了以往传统贷款的固定还款期，并且担保方式也随之变得多样。"再贷款＋花木贷"让沭阳县内从事花木行业的人员，例如花木的种植、销售，电商或者是个体户，小微企业等，都能享受到便捷、高效、利率优惠的贷款服务。当然不只是沭阳农商行这一个银行提供了贷款服务，江苏省第一家村镇银行——沭阳东吴村镇银行，也为沭阳县打造了"花木贷"，更好地帮助沭阳花木产业化。

有了金融机构提供的贷款以后，花木从业人员不必为资金担忧，于是越来越多的沭阳人开始返乡创业，返乡创业人数高达 27 万多，激发了沭阳县的创业活力程度，达到创业高潮。在创业模式中，最常见的就是"花木＋电商"的方式。沭阳县为电商们打造了量身定制的"淘易贷"产品，推动花木销售由线下转向线上发展。有全国最大的花木产地为依托，沭阳人通过网络平台，电商、直播和举办花木节等途径，宣传沭阳花木，推动花木的产业化、科技化、市场化，带来了令人可喜的经济效应，当地通过花木产业达到了上亿的年销售额。

如此看来，区域的相对贫困可以通过因地制宜来缓解，以金融助力，大力发展当地特色，推动乡村振兴，缓解相对贫困。

8.2.4 贵州省的创新信贷担保发展特色产业模式

贵州省的农村贫困人口达 493 万，占全国的 8.84％，贫困发生率为 14.3％。2016 年贵州赤水市开始实施"金融扶贫与产业扶贫"策略，利用特色资源优势大力发挥产业对当地经济的带动作用。赤水市政府依托独特的自然条件，瞄准特色药材石斛产业，促使零散养殖向规模化转变，让贫困农户搭上种养大户和龙头企业发展的"顺风车"。2019 年，贵州出台了《贵州省发展石斛产业助推脱贫攻坚三年行动计划行动方案（2019—2021）》，完善了石斛产业发展的制度保障，方案明确了要加大对特色产业的金融支持，持续加大脱贫攻坚和"三农"金融的服务力度，充分发挥金融扶贫的作用。方案出台后，赤水市银保监分局积极引导辖内金融机构紧跟石斛产业发展的资金需求，按季收集对石斛产业的信贷支持情况，并联合当地农村信用合作联社量身打造了"石斛农 e 贷""金斛富农""致富通"等信贷产品。2020 年至 2021 年底，赤水联社已累计投放石斛产业贷款近 4 亿元，其中包括农户、农民专业合作社、龙头企业。根据需求创新信贷产品，刺激"需求侧"。一方面结合赤水石斛产业发展实际，在客户抵押物不足的情况下，由赤水市农业发展融资担保有限责任公司做担保，出台利率低、审批快，可以解决客户抵押担保不足的"4321 担保公司担保贷款"信贷产品。支持赤水市瑞康中药材投资开发有限公司贷款 500 万元，该笔贷款用于支付 500 余农户石斛款。另一方面，根据客户的纳税金额及纳税评级来匹配贷款额度，推出审批快、利率低的"税源 e 贷"信贷产品，支持石斛产业贷款。如利用"税源 e 贷"支持赤水市信天中药产业开发有限公司贷款 100 万元，用于支持企业复工复产。主动对接融资需求，改革"供给侧"。农行贵州遵义赤水支行主动对接当地政府，获取石斛种植客户数据，通过该行现有业务系统，采集斛农种植农户的基础信息和授信等数据信息，创新金融产品"斛农 e 贷"。近几年来，农行贵州遵义赤水支行累计发放"斛农贷"133 笔，累放金额 1 237.3 万元，现有贷款笔数 133 笔，贷款余额为 609.5 万元，切实带动了当地贫困群众就业增收，有效增强当地石斛特色产业，带动脱贫致富、实现自我"造血"的功能。

8.2.5　甘肃省偃师市普惠金融模式

河南省偃师市通过开展普惠金融的相关活动，金融结构体系不断完善，农村贷款数量不断增加，农村商业银行处于领先地位，在农业保险方面也得到了不断的发展，政府实施了强而有力的金融扶贫。到 2017 年末，偃师市发放涉农贷款余额为 1 017 473 万元，占到了总量的 78.32%，其中农商行成为对县域投放的主力。同时，偃师市开展了养殖保险、森林保险等有针对性的政策性保险和商业保险，使保障范围扩大。在 2017 年，偃师市的农业保险金额达到了 1 500 万元，具有稳定增长的发展趋势。在扶贫方面，政府提出在一定条件下可以免担保免抵押、基准利率放贷、财政贴息的政策，申请的条件简单而主要针对已经建档立卡的贫困户。这些贫困户能够享受到的政策为：贷款利率按照中央银行同期公布的贷款基准利率（现行 4.35%）执行；五万元以下的贷款利息则执行"先垫后贴息"政策；已经脱贫的建档立卡贫困户在脱贫期内将维持扶贫小额信贷的政策不会改变。近三年来，全市扶贫工作顺利进行，共发放了扶贫贷款 800 万元，有 200 多家贫困户从中受益。

但是偃师市目前的普惠发展也仍存在一些缺陷，普惠金融对工业企业的信贷支持力度不够，企业由于经营风险而较难得到金融机构的贷款还款信任。而目前市内的除银行业外的金融服务机构较少，金融业活力不足，服务中介机构的种类相对不够丰富。偃师市的整体工作进度相对还是比较缓慢，作为省人行所确立的"两权抵押贷款试点示范区"，没能充分地展开活动。

8.2.6　甘肃省的"信贷十"金融扶贫模式

甘肃省位处黄土高原、青藏高原和内蒙古高原的交汇地带，其中六盘山、秦巴山特困区和藏区是主要的贫困地区。甘肃省的贫困率在全国是很高的，在 2010 年，根据调查，甘肃省贫困发生率达 21.3%，为全国"之最"；返贫率一般达到 20％～30％，发生自然灾害可高达 45％ 左右，也成为全国之"最"。面对如此高的贫困率，扶贫以及返防贫工作尤为困难，但是奇迹发生了，在 2019 年年底，调查结果显示，甘肃省的因病致贫返贫人口在两年内减少了 34.91 万，并且有 31 个贫困县摘帽退出，藏区实现整体脱贫，全省减少贫困人口 93.5 万人，贫困发生率下降到 0.9％，为全面建成小康社会打下了坚实基础。

贫困率返贫率都达到全国之最的甘肃省，能够取得这么大的成效，跟精准扶贫是离不开的。这其中一个重要的原因就是金融扶贫让因病返贫、因教育返贫等都得到更大的保障，增加了贫困户的内生动力。具体体现为"信贷＋"金融扶贫模式：

一是"信贷＋新型城镇化"模式。金融机构积极投入新型城镇化的建设当中。中国农业银行甘肃分行推出易地搬迁贷款项目，而国家开发银行甘肃省分行向多地承诺安全饮水项目建设贷款，并且形成了"免担保授信＋投资补助协议"的融资模式，向甘肃省 58 个特困县提供乡村道路建设贷款项目。

二是"信贷＋产品创新"模式。由农行与甘肃省财政厅推出"双联惠农"业务，支持贫困地区的富民产业计划，并且由政府财政全额贴息。

三是"信贷＋大众创业"模式。主要通过鼓励支持有能力、有思想觉悟的返乡农民和农村留守妇女进行再就业和自主创业，金融机构根据不同人的创业需求来制定合适的金融产品和金融服务，并且积极开展专业技能培训，提升他们的自我发展能力，通过他们的创业带动更多人的就业。

其可借鉴的经验可归纳为：第一，充分并且精准考虑到贫困户目前的难题，通过易地搬迁等贷款项目，建设新城镇，给孩子们带来更好的上学环境，让农户可下山圆富民梦。并且让那些本身有创业意识、想法的人，有贷款资金去创业，真正发家致富，并且带动整个村的就业以及激活全村的富民意识，增强内生动力。第二是多部门协作联动机制为脱贫攻坚奠定基础。金融部门、财政部门以及农牧等部门合作，信息共享，形成了政策支持合力，优化金融扶贫模式，加强政策鼓励，增强各地方金融机构的主动性以及积极性，为金融支持防返贫创造了良好的外部环境。

8.3　案例启示

通过这些案例分析，可获得以下启示：

首先，金融助力相对贫困缓解是有效可行的。其次，金融助力方式需要创新。我们可以加大金融产品的开发力度，提供更加多元化的金融产品和服务，满足贫困户的金融需求。同时借鉴欧美等发达国家的经验，在相对贫困的治理目标、主体、对象和机制的设置上力求独树一帜，明确相对贫困的治理目标，使治理手段尽可能多样化，使相对贫困治理取得更大成效。

（1）治理目标。发达资本主义国家受其社会制度及政策影响，在设定相对贫困治理目标时，单纯追求共同富裕而忽视缩小贫富差距。但是，由于这两者之间的不可割裂性，欧美等国家单纯追求一方面导致相对贫困治理效果不佳。借鉴这一经验，中国在制定相对贫困治理目标时对缩小贫富差距和实现共同富裕进行了统一，两者同时进行。

（2）治理对象。相对贫困的表现之一是存在区域相对贫困。发达资本主义国家虽然有对于贫困地区的区域性帮扶政策，但是其针对力度不足，效果有限。而我国对于一些贫困地区进行重点关注，对于经济较薄弱的贫困地区实行工业化、信息化等，推动乡村的全面振兴，强化对这些薄弱地区的财政投入，将区域相对贫困及人口相对贫困的共同治理作为相对贫困的治理对象，且对于人口的治理对象，提出要注重提升贫困群体的能力素养、加强对于他们的心理干预。

（3）治理主体。在进行相对贫困治理时，应发动多元主体参与，单一主体发挥的作用将非常有限，应联合政府、市场及社会合理进行资源的优化配置，这样才能达到较大效果的相对贫困治理。其中，政府发挥主导作用，干预着其他主体的行为，在政府的干预下，积极联合社会组织，构建完备的组织体系，共同发挥政府和市场结合的作用。

（4）治理路径。在治理过程中，应给贫困群体赋权，充分体现他们在相对贫困治理过程中的主体性及参与性。要积极引导他们参与扶贫项目的制定，在制定扶贫项目时，认真听取他们的意见，通过他们的意见发表，更好地了解其真实需求，以便为他们提供更好的帮助。还要尽量减少政府的大包大揽，通过培训等提高贫困群体的自我发展、自我管理能力，无须完全依靠政府大包大揽式的直接输入。

第 9 章 对策建议

前面通过理论与实证的方式，分析了金融治理相对贫困的特征、存在的难点及相对贫困金融治理的可能路径。根据前文分析，从金融角度为相对贫困治理长效机制的构建提出如下政策建议。

9.1 从相对贫困群体内需角度分析金融治理相对贫困的对策建议

9.1.1 以"贫"与"困"相结合的标准优化农村相对贫困群体的识别机制

相对贫困群体的识别需要先确定好相对贫困的标准。对于这个问题，笔者认为可以采取渐进的方式：从收入一元结构逐步扩展到多元结构，即从收入的一元结构逐步扩展到包含其他因素的多元结构衡量标准。这也与我国的实际情况是相吻合的，因为我国刚刚完成绝对贫困的消除，而绝对贫困主要以收入作为衡量标准，即在治理绝对贫困时，划定了以收入为标准的贫困线，及"两不愁三保障"的脱贫标准。参照国际通行的做法，可以以家庭人均收入的中位数为参照物，按照一定的比率比如家庭人均收入中位数的 30％或者 40％作为标准进行划分，低于该值即可认定为相对贫困群体。在此基础上，再把健康、教育、生活水平等因素逐步纳入进来，构建既能反映相对收入的"贫"、又能反映相对能力的"困"的多维、综合的相对贫困识别标准，优化相对贫困群体的识别机制。

9.1.2 完善相对贫困地区信用体系建设，使金融潜在需求变成真正需求

建设更为完整健全的信用等级评分系统能够使机构对借贷时的条件更加宽松，减少金融市场上信息不对称的情况，金融机构也降低了机会风险。同时，政府需要承认非正规金融在金融市场中的地位，出台相关政策来引导非正规金融进行良性的发展，对非正规金融的利率范围进行规范，制定法律法规，使非正规金融变得更加合法而可控。对高利贷行为进行打击，减少非正规金融的风险以及事后所造成的纠纷和隐患，避免对社会造成危害，对双方的合法利益进行维护。降低和控制金融风险能够使人们对金融的信任度更高，从而能够使更多处于相对贫困的人们利用金融缓解相对贫困，助力激化相对贫困主体脱贫的积极性和主动性，激发其内生动力。

9.1.3 通过发展普惠金融减低金融进入门槛，使更多相对贫困群体获得金融服务

想要更多人享受到金融的服务、缓解相对贫困的现象，就要通过发展普惠金融降低金融进入门槛，针对不同地区和发展程度不同的县域推出因地制宜的普惠金融产品服务以及相对应的政策。相对贫困层次不同的客户的借贷需求不同，金融机构需要创新多元化的普惠金融产品，使不同人群都可以满足借贷需求。如贷款对象为党员的红色创业贷款模式，对象为妇女的妇女创业担保小额贷款模式，还有利用房屋、宅基地、土地承包经营权进行抵押的金融服务，令农户的借贷需求得到满足。更加灵活多元的借贷模式如设置不同标准的利率、贷款额度、贷款期限等，能够将人群扩大且提高还款率。同时，政府对各地的特色或特殊产业可以推出有针对性的政策，使金融机构的审批加快，流程简化，使相对贫困程度能够更大范围地得到缓解，在帮助企业的同时也推动了城市特色经济的发展。

9.1.4 完善激励约束机制，助力相对贫困群体的金融需求得以实现

政府要完善激励约束机制，在各项扶贫工作的开展中引导包括政府自

身在内的各参与主体的扶贫脱贫自主性。对商业性金融机构来说，积极在贫困地区开展金融产品服务，不仅仅是响应国家政策的号召，还能够通过开展金融产品服务来提升企业自身的形象，与此同时，让更多的人真正了解企业本身。目前，金融机构之间开展的行业竞争态势趋于激烈和残酷，通过积极开辟行业新市场、掌握经营主动权、抢占产业发展领域的战略蓝海，对于金融机构来说无疑显得尤为重要。对于政府来说，通过推进精准扶贫专项工作行动中的引导、支持和跟踪，监督指导贫困地区积极发展金融业务，可以极大地缓解各级地方财政的压力，切实促进贫困地方经济的可持续健康发展。要细化政策措施，对积极参与相对贫困治理的金融机构予以奖励，同时对拒绝承担社会责任的金融机构予以惩罚，真正完善激励约束机制。

9.1.5 加强相对贫困群体的金融意识和金融素养

对于大多数相对贫困群体来说，在生活中对金融知识的了解较为缺乏，对借贷的流程、审核条件、有利政策等认知较少，使很多人通过金融特别是普惠金融这一渠道来进一步发展，局限在一定的资金限制当中，导致相对贫困不能很好地得到缓解。政府应该加强对这一群体的金融知识教育和政策介绍，使普惠金融的知识更为普及，减少相对贫困群体对金融机构的错误认识。同时也要加强对信用方面的教育，让人们充分了解信贷违约的严重性，形成信贷守约意识。人们对相关金融意识的正确认识能够使普惠金融服务产生一个好的效果，从而使相对贫困得到更好的缓解。因此，加强贫困户金融素养对于提升贫困户的自我发展能力至关重要。

1. 加强金融知识宣传普及教育

组织动员有关银行业金融机构积极通过县域网点、农村金融服务站系统等宣传平台，开展形式多样化、有效管用的"送金融知识下乡""送金融知识进课堂"及"金融知识进万家"等活动，进而不断提升贫困地区金融消费者的金融消费文化知识水平。要通过增强贫困地区群众自身的绿色金融意识，让其从整体思想的高度与认识层面去理解良好的农村生态环境也一样可以给人们带来实际收益，进一步促进广大群众真正认识到环境保护力度是足以影响一个地区的经济发展的。提高人们的环境保护意识，对发展生态绿色金融能够产生积极的推动作用，同时帮助人们真正实现其自力更生，实现可持续的发展循环，从而加快实现脱贫的目标。利用媒体的宣传优势，向广大群众传播履行基本农田、生态公益林保护及其在森林的防火、防虫、防病等方面的职责义务，从严要求做好生态保护工作，有义务为子孙守好一方净土，提升包括绿色金融在内的相对贫困金融治理绩效。

2. 利用科技手段助推金融知识普及

首先，可以建立线上线下同步的金融服务体系，对贫困农户进行有针对性的识别、管理、服务；对普惠金融的客户群体进行扩充，使新一代的客户能够更便捷高效地使用普惠金融的服务。其次，利用"互联网＋"服务，建设数字普惠金融，出台相应的人才政策，引入人才来运用数字技术打造数字化综合服务平台，使普惠金融能够以低成本、高质量的形式在平台出现，供需双方的交易变得更加方便，信息差减小。通过线上金融知识宣传等各种新型方式，减少金融知识在普及过程中受时间和空间的制约，降低成本的同时提高服务的覆盖率、便利性。利用金融创新科技手段，让金融知识普及的效率得到大大提高。

9.2 不同金融形态角度的相对贫困金融治理建议

9.2.1 普惠金融：让更多相对贫困群体享受到金融服务

普惠金融的建设和发展能够更快地对相对贫困现象进行高效率、高质量的缓解，前提是要能让更多的人享受到普惠金融的服务。为此，就要降低普惠金融的进入门槛，不同地区和发展程度不同的县域推出因地制宜的普惠金融产品服务以及相应政策。相对贫困层次不同的客户的借贷需求不同，金融机构需要创新多元化的普惠金融产品，从而满足不同人群借贷需求。如贷款对象为党员的红色创业贷款模式，对象为妇女的妇女创业担保小额贷款模式，还有利用房屋、宅基地、土地承包经营权进行抵押的金融服务，令农户的借贷需求得到满足。更加灵活多元的借贷模式如设置不同标准的利率、贷款额度、贷款期限等，能够将借贷人群扩大且提高还款率。同时地方政府可根据所在地的特色或特殊产业，推出有针对性的政策，使金融机构的审批加快、流程简化，使相对贫困程度能够更大范围地得到缓解，在帮助企业的同时也推动了城市特色经济的发展。强化普惠金融体系建设，建设数字普惠金融，出台相应的人才政策，引入人才来运用数字技术打造数字化综合服务平台，使普惠金融能够以低成本、高质量的形式在平台出现，供需双方的交易变得更加方便，信息差减小。同时，应强化相对贫困群体提对普惠金融的认知，有关部门应该加强对这一群体的金融知识和政策教育，使普惠金融的知识更为普及，减少农村地区人民对金融机构的错误认识，解答普惠金融服务的对象和作用。也要加强对信用方面的教育，让人们充分了解信贷违约的严重性，形成信贷守约意识。人们对相关金融意识的正确认识能够使普惠金融服务产生一个好的效果，从而使相对贫困得到更好的缓解。

9.2.2 农村金融：为相对贫困治理引入更多的金融"活水"

继续完善农村金融市场体系。通过政策引导、市场流动，继续推进与更多金融机构的合作，鼓励更多金融资源进驻农村金融市场，增强金融机构的资金供给，在发展相对靠后的区域下沉更多的金融机构网点，打造农村金融服务站，扩大金融服务覆盖面，丰富农村金融活动，为相对贫困治理引入更多的金融"活水"。农村金融机构应该正确审视对农村资金的发放，将"三农"政策贯彻到底，加大对农村的扶持力度。同时，国家也应鼓励农村金融机构将支农的资金全部投放到涉农项目当中去。此外，为了让农村金融机构更加大胆、放心地将资金投放到农村建设当中去，国家应该确保农村金融机构有足够的资金，应该对农村金融机构提供相应的扶持与帮助，以此来发展乡村、振兴乡村，从而更好地应对相对贫困。

在相对贫困的治理过程中，应当要结合当地的产业特色，因地制宜地推出适合当地发展需要的金融特色产品。农村金融机构一定要深入了解农民的需求，根据当地的特色产业发展，因地制宜，力求为客户打造量身定制的金融服务产品，这样可以提高农村金融资源的利用效率。基于优厚的农业农村文化等资源，打造具有地方特色的农业供应链金融，结合产业特色开发更加多元化的金融特色产品，为产业发展一体化服务，进一步发挥"联农带农"模式的作用。通过"联农带农"带动当地产业发展，满足当地相对贫困人口需求的同时，让相对贫困人口更多地参与其中，有利于相对贫困的缓解。

加大农村金融人才的引进与培育力度。创造条件吸引更多的驻村金融人才为当地提供更多的金融服务，提高农村金融服务水平。加强相对贫困地区人民群众的金融知识，同时对金融特色产品进行宣传讲解。通过派遣驻村金融顾问、金融助理，为相对贫困的农村地区提供金融宣传、咨询服务，普及特色产品的应用，切实让人民群众感受现代金融服务的便利，调动相对贫困人口参与经济发展的积极性，促进其增收致富。加强农村金融数字化应用，发展农村普惠金融服务，这样一方面可以为金融机构拓展农村业务提供更低成本的渠道，另一方面，也可以让农村相对贫困人口更易获得金融服务，享受现代金融的便捷的同时为其提供较低的进入门槛。

9.2.3　绿色金融：以绿色发展助力相对贫困缓解

近年来，绿色金融在国际上引起了广泛的关注。绿色金融的本质在于通过金融活动促进社会和谐与绿色发展。近年来，我国绿色金融市场发展良好，主要集中在绿色信贷和绿色债券上，绿色保险等其他绿色金融发展内容还处于探索和起步阶段。相对贫困群体可以利用绿色信贷、绿色保险等金融产品来拓宽自身发展道路，获取社会资源，谋得工作机会，提高自身能力与生活水平。各地可因地制宜，把绿色发展理念与相对贫困治理高度结合，通过绿色金融助力旅游等产业发展，完善相关基础设施，在相对贫困地区开展绿色金融知识的普及，从而缓解当地的相对贫困。

1. 通过绿色金融助力旅游业等特色产业发展

"创新，协调，绿色，开放，共享"的发展理念在党的十八届五中全会上被明确提出，在该次大会上，绿色发展首次成为中国经济社会发展的指导思想，实现绿色转型的突破口是文化旅游产业，它的资源消耗较低，可持续性比较强，而且得到的经济效益显著。我国历史文化悠久，生态资源丰富，通过推动绿色旅游业发展，有利于经济结构转型和转变经济发展方式，助力相对贫困缓解。一是加大政策引领，政府应过制定更好的政策，助推文化产业和旅游行业迅速发展。二是完善金融体系建设，保证文化行业和旅游产业的覆盖面不断扩大。三是优化绿色信贷服务，扩宽文化和旅游业融资渠道。针对满足文化旅游产业的标准的企业，可以更优的政策来优待这些企业，降低其贷款利率，放宽还款期限与还款方式。

2. 通过绿色金融助力农业的发展

建立可持续发展的绿色农业模式，有利于促进农产品安全和维护生态安全等。绿色农业包括节约资源、保护环境等方面。我国国务院出台的《关于加快建立健全绿色低碳循环发展经济体系的指导意见》中明确强调了要高度重视绿色金融，并通过绿色金融促进农业绿色发展。各地可根据各自的比较优势，逐步推广当地涉农绿色金融项目，促进相对贫困缓解。创新绿色金融产品，帮助相对贫困群体学会绿色农业生产方式。联合当地农商行，利用当地农商行的资源优势，通过开发信贷产品，推动农民减少化肥和农药的使用量，提高畜禽粪便和秸秆资源的利用效率，减轻白色污染对环境的影响，将农村的生态环境向宜居宜业宜游宜养的方向发展。

3. 培育更多绿色金融人才

早在 2016 年 8 月，国家就出台了《关于构建绿色金融指导体系的指导意见》，这意味着我国已初步形成了绿色金融政策的基本框架。值得注意的是，目前我国对环保产业并没有制定合适的奖励机制，且对传统污染企业缺少应有的制裁措施，这是导致环境污染的重要因素。在我国，懂得环保和金融知识的人才比较稀缺，所以绿色金融人才的培养就显得十分重要。一是各大金融机构的决策团队应重视自身绿色金融观的培育，在决策时应明确意识到绿色金融与经济发展的关系；二是金融从业人员应该加强对绿色金融政策的学习意识；三是各大高校应根据实际情况设置绿色金融课程，促进高校学生对绿色金融的了解，注重对绿色金融人才的培养；四是政府应合理设置关于绿色金融支持贫困治理的奖励制度，增强金融部门的积极性；五是国家应该加强有关绿色金融促进经济发展话题的国际交流以及相关人才的引进。这些措施和手段都将有利于相对贫困的缓解。

9.2.4　民间金融角度：提升相对贫困治理非正规金融助力机制

民间金融的发展和推广，有利于缓解中小企业融资难、融资贵、融资慢的现状，而且能够为经济的发展注入新动力，带动和活跃市场经济的发展。另一方面，民间金融的发展也可能给社会经济的发展埋下一些经济隐患，因此促进和维持民间金融的健康稳定发展对监管当局来说至关重要。

我国民间金融历史悠久，覆盖面广，具有规模小、风险大、隐蔽性强、稳定性差等特点，长期游离于政府监管之外，或隐于地下、潜滋暗长，或红极一时、繁荣一方。随着近年来我国经济的快速发展，作为生产要素的资本变得越来越稀缺，市场上资金供求矛盾日益突出，国家采取了一系列措施使民间金融从地下走到地上，比如现在的"7＋4"民间金融机构。自从对民间金融实施阳光化政策以来，民间金融在服务三农、参与中小微经济主体融资等过程中发挥的作用日益凸显，为金融消费者提供了有效的金融服务，为普惠金融发展做出了重要贡献，已成为我国现代金融体系的重要补充，可以为相对贫困治理做出更大的贡献。

1. 改善民间金融参与相对贫困治理的外部整体经营环境

应加大宣传力度，正确认识民间金融，建立健全法制，给予民间金融应有的地位和尊重，合理引导民间金融参与相对贫困治理。充分利用国家的政策，做好顶层设计，对扎实支农支小的民间金融予以政策支持。降低市场壁垒和合理引导，继续推进"阳光政策"，将更多的民间金融业态纳入法制轨道，鼓励和支持合法的民间金融活动。进一步加大对民间金融机构的政策扶持力度，可根据金融贡献度，对财政性资金存放在民间金融机构进行试点工作，对尚处在成长期的民间金融机构给予一定的财税优惠政策。引导民间资本参与发展金融业，鼓励民营企业发起或参与设立民营银行、村镇银行和小额贷款公司。支持客商资本进入金融领域，发展小额贷款公司、村镇银行、农村资金互助社、消费金融公司、财务公司等地方金融组织。积极创造条件，鼓励发展本土创投和股权投资机构，为民间资金转化为产业资本拓宽通道。

2. 鼓励涉农金融服务产品相关制度的创新，提升相对贫困治理金融的服务渠道

探索农村产权抵押制度，拓展扶持现代农业发展的金融支持模式，大力发展小额信贷和微型金融服务，进一步探索农房、土地承包经营权抵押贷款。2019 年 2 月 22 日中共中央政治局第十三次集体学习时，指出要构建多层次、广覆盖、有差异的银行体系，端正发展理念，坚持以市场需求为导向，积极开发个性化、差异化、定制化金融产品，增加中小金融机构数量和业务比重，改进小微企业和"三农"金融服务。时任广东省委书记李希在学习传达习总书记讲话时强调要深化金融供给侧结构性改革，以金融体系结构优化为重点，把解决民营企业和中小企业融资难、融资贵、融资慢的问题摆到突出位置。消除信息壁垒，打通工商、质监、法院、水电等政府信用信息系统、民间融资登记系统，从而了解企业生产经营情况、奖惩记录、民间投融资情况等信息，缓解信息不对称，降低民间借贷风险。构建产业金融对接体系，为有钱、亟须投资与亟须资金用于发展的企业和个人提供非营利性的中介服务，促进企业融资便利化，让民间金融更好地服务于相对贫困群体。

3. 完善民间金融标准，强化相对贫困金融治理的供给能力

组织民间金融标准化技术相关标准的制修订工作，制修订标准的主要专业领域为民间金融，具体包括小额贷款、融资担保、典当、商业保理、融资租赁、社会众筹等民间金融行业，以及民间金融产业园区管理等方面。

中央政府要努力促进规范民间金融，为了让地方政府更容易监督民间金融的各项活动，需要建立一个开放且有序的民间资本平台，通过平台的有序运作来减少民间金融活动过程中可能存在的风险，并充分使用好民间资本来为农村创造更多的资金来源，促进经济社会的发展，使其成为有效缓解相对贫困的重要手段。

9.3 多方支持主体角度的相对贫困金融治理长效机制构建

相对贫困金融治理长效机制构建的要义是以金融的手段，通过市场化的方式，有成本地获得发展资源，从而构成适当压力，引导相对贫困群体树立自力更生的意识，进而激发其内生发展动力，实现内源式增收。毫无疑问，这些意识的培养、动力的形成是长期而缓慢的过程，也将成为缓解相对贫困问题的一大挑战（高强等，2020）。具体而言，可以从相对贫困金融治理的供给侧、需求端以及保障方面进行精准施策。

9.3.1 强化相对贫困金融治理资源供给机制

1. 银行金融机构角度：强化相对贫困治理信贷供给机制

银行可以针对相对贫困治理从银行内外两个方面加以创新和改革。首先是从银行内部以公司治理的角度看，可以从公司架构、产品设立、公司管理等方面进行创新：第一，公司架构创新。比如设立专门的相对贫困治理金融服务工作部门，对相对贫困金融治理服务工作进行独立管理、独立核算、独立调配资源。第二，产品创新。根据相对贫困群体的特征，设立贷款额度小、期限短、含有多个还款周期的金融产品，所有产品都根据客户需求来开发。同时产品设计要考虑一个硬性约束条件，即在没有政府相关补贴的前提下，产品的收益可以弥补信贷部的运行成本，实现业务的可持续发展。第三，管理创新。为降低风险，定期召开有银行专员出席的小组会议，结合现代信息技术，远程监控和检查贷款资金使用情况，协助相对贫困群体申请贷款和还款程序，并普及现代化的经营管理理念和前沿科技知识，增强贷款人的还款能力。

其次是从银行外部以合规经营的角度看：第一，规划并稳步实施相对贫困金融治理服务路径。银行应该在国家扶贫计划的基础上结合自身发展战略，确定需要扶持的相对贫困群体扶持对象、重点产业和关键领域，构建有效的相对贫困金融治理服务路径，提金融扶贫效率。第二，构建和完善协同合作机制。银行业机构应加强和各个政府部门之间的横向联系，以及银行总分支行间的纵向联系，在政策制定、创新发展以及信息共享等方面需要加强彼此之间的协调与规划，协同建立健全银行、政府与企业的合作机制。

2. 证券公司角度：完善相对贫困地区企业参与权益融资机制

证券公司角度的相对贫困金融治理主要是积极帮助相对贫困地区企业参与资本市场融资，发挥资本市场机制作用，服务相对贫困金融治理战略。

第一，顶层的制度革新。针对相对贫困地区的企业，为这些地区的企业在资本市场发行股票、债券和代办股份转让等方面等实行绿色通道政策创新；完善和扩大期货价格保险试点，积极推进农业产品实物期货保险政策的落地，保障农业生产经营中的市场及价格风险；完善对参与相对贫困治理的上市公司的政府补贴或政府资源支持政策，鼓励上市企业积极参与相对贫困治理等。通过政策的修订比如税收的优惠政策等，鼓励和支持证券、期货、基金行业以及上市公司对相对贫困地区和相对贫困人口实施特殊援助，弥补相对贫困地区资本市场服务不足的缺陷。需要更多地运用市场化方式引导金融资源配置，让贫困地区经济发展顺应市场规律，发挥市场基础性调节作用（王韧 等，2021）。

第二，参与主体的服务模式革新。证券公司在积极响应证券业协会的"一司一县"政策的同时，结合自身比较优势及当地相对贫困群体特征，通过承销保荐、并购重组、投资融资、融资顾问、公司债券、IPO等方式，帮助相对贫困地区的企业和产业发展，与此同时，强化证券公司的智力扶贫和公益扶贫。期货公司在积极落实好期货业协会提出的"一司一配对"制度的前提下，结合自身专业优势，落实教育、智力、公益等措施来促进经济发展，缓解相对贫困。基金公司充分利用公益基金、产业投资基金等资金池的优势，结合国家相对贫困治理政策，建立相对贫困贷款基金等，把相关产品纳入相对贫困贷款基金，把相对贫困人口作为目标客户群体，优化基金运行机制和管理模式，保证贷款基金规范持续运行。

3. 保险公司角度：优化相对贫困治理保险机制

保险行业的参能更大程度地降低相对贫困群体以及相对贫困治理参与方的风险敞口。对于相对贫困群体的保护，可以在保险制度上做出改革：在国家层面探索现有金融保险资源的整合，加大社会养老保险、医疗保险的覆盖范围，缩小城乡居民保险差距，降低农村居民的相对剥夺感。同时，逐步减轻相对贫困人口的缴费负担，逐步提高相对贫困人口的保障水平（韩广富等，2020）。对于相对贫困治理参与方的保护，可以健全和完善相应机制和制度：

第一，完善风险分担保障机制，降低相对贫困治理参与机构的风险预期。以保险相对贫困治理为重点，引导保险业嵌入金融产业相对贫困治理，构建保险防止返贫机制、小额信贷保证保险机制等，探索财政支持的相对贫困治理产业保险大灾风险分流机制。

第二，探索建立相对贫困治理风险补偿基金，提升金融机构参与治理的力度。将直接的财政相对贫困治理变为财政风险补偿基金，在现有的国有保险公司内建立具备保单职能的风险补偿资金池，用于核销金融支持相对贫困治理的风险溢价（邓力，2021）。

第三，完善小额信贷担保制度，为降低相对贫困小额信贷风险保驾护航。通过小额信贷获取金融资源将是相对贫困治理中的重头戏，应整合省、县级担保机构，借助社会担保力量，积极推进相对贫困村村级担保机构建设，促进担保主体多元化。引入缴费低、运作成本低、因地制宜的保险产品，将政策性保险和相对贫困小额信贷保险挂钩，以贡献大小分配盈利政

策性保险市场份额（谢玲红 等，2021），提高参与相对贫困保险的公司的
承保积极性。

4. 金融市场角度：通过引导产业结构调整助推经济增长减缓相对贫困
的间接机制

从 20 世纪 90 年代初的上海和深圳证券交易所的建立算起，经过 30 余
年的发展，我国的金融市场体系逐渐完善起来。我们所熟知的市场体系主
要由供求主体和其相应的价格机制组成，进一步按照金融模式推广市场导
向思想，一个完善的市场体系是保障市场功能的基础。市场中需求侧的变
化，也给相对贫困金融市场中供给体系的及时调整提出相应的要求，需要
同时以建立起符合需求的金融供给方式，这样才能更好地优化和增强市场
功能。金融市场中的一级市场正逐步从核准制向注册制过度，给相对贫困
地区的企业提供了较好的融资机会。二级市场为企业的资本存量调整提供
了契机，再加上风险投资、私募股权投资等市场机制的完善，引领着技术
创新投入以前所未有的速度发生变化，助推相对贫困地区产业结构向更好
更合理的方向发展，这些有助于产业结构调整助推经济增长减缓相对贫困。
因此，需要把相对贫困地区金融市场供给和需求的关系作为重点，把满足
市场供求平衡条件为出发点，要充分利用金融市场功能，大大降低其金融
成本，实现相对贫困地区金融风险的转移和分散化，不断完善市场的供求
机制，构建与完善市场体系，形成相对完备的市场供求体系，完善金融通
过经济增长缓解相对贫困的间接机制。

9.3.2　提升满足相对贫困金融治理能力的多元需求机制

1. 以金融支持企业和产业良性互动满足造血式发展需求的"带贫"
机制

企业是规模化组织投入要素、开展生产的核心，也是形成有活力的产
业链中关键的节点，企业和产业的良性发展互为因果、相互制约。金融机
构以市场化原则，通过向企业提供信贷、股权融资、保险等金融支持，使
有限的金融资源能得到充分利用，最大化金融资源使用效率，进而促进企

业走向产业化经营，因此能更大程度地增加就业岗位，并带动企业周边相对贫困群体的收入水平（王思宇，2021）。构建"金融机构＋平台企业＋特色产业＋相对贫困人口"的利益联结机制，"金融机构＋平台企业＋生产基地＋相对贫困人口"的互助发展机制，以及"金融机构＋平台企业＋产业项目＋相对贫困村"的点对点帮扶机制，选优、做大、做强龙头企业和主导产业，将金融信贷资金特别是小额信贷资金的投向由单一种养业向"农业生产＋农产品加工＋农家乐旅游＋农产品销售"的完整产业链转变。利用平台因地制宜地推进特色产业、生态旅游、农业科技等产业的发展，以产业带动就业、吸纳就业人口等辐射方式，带动当地相对贫困人口的收入提升。

2. 以"智志双扶"为核心满足人力资本提升需求的"动力"机制

激发相对贫困人口的内生动力，让他们有自食其力的能力，不依靠外力就能改善自己的处境是相对贫困治理长效机制构建的根本要求，人力资本的提升就显得极为重要。在脱贫攻坚中实施的"志智双扶"策略，在相对贫困治理中需要提到更高的高度，通过金融资源的引导，把社会的注意力往人力资本培育方面集中，通过教育培育、文化引导、榜样引领，将相对贫困地区所在地先进的特色文化与内源发展相结合，培育相对贫困人口的自我发展意识，提升人才资本存量，彻底摆脱物质贫困和精神贫困。

9.3.3 强化政策引领提升相对贫困金融治理的保障机制

1. 发挥财政的支持、兜底作用，提升财政金融联动互补效应

财政的支持和兜底、金融的压力推动，两者的结合是解决相对贫困的一把利器。绝对贫困通过财政拨款解决贫困群体的基本生存问题，带有一定程度的福利性质，一定程度上讲，是政府的职责所在。财政的支持和兜底不仅体现了浓浓的人文关怀，也体现了社会主义制度强大的优势（陈岳等，2021）。在相对贫困治理阶段，财政的支持和兜底依然重要，主要是面向丧失劳动能力的相对贫困群体。而对于有劳动能力的相对贫困人口而言，提升其自我发展能力才是根本，需要提升强化金融治理效果，达到增强财

政金融的联动互补效应。相对贫困阶段，我国老龄化不断加剧、留守儿童不断增加、"三孩"政策实施导致的家庭抚养比升高等一系列社会现象，都对社会公共服务提出了更高的要求，需要改善公共品供给和提高服务质量，完善和优化相对贫困人口的低保、医疗、养老、教育等保障制度（郭晓鸣等，2020）。在财政金融联动方面，笔者认为：第一，完善参与相对贫困金融企业减税补贴等方案。对参与相对贫困治理的金融机构，依据其贡献，划分减税等级，进一步激发金融机构参与相对贫困治理的潜力。第二，健全金融机构参与相对贫困治理制度建设。从指导性、约束性、激励性、规范性等角度健全金融机构参与相对贫困治理的制度建设，对参与主体的监管制度、合作机制、问责机制等做到具体到规范，让金融机构在明确的指引下参与相对贫困治理。

2. 注重相对贫困金融治理的支撑体系构建，保障各项金融举措落实到位

支撑体系对实现相对贫困金融治理的效果起到关键作用。第一，健全相对贫困金融治理的政策体系。以激励金融机构积极参与相对贫困治理的原则建立政策体系，推动政府、金融机构、企业、相对贫困群体等各方形成相对贫困治理合力。第二，完善相对贫困金融治理的信用体系。金融机构与相对贫困群体之间是靠信用作为纽带的，需要完善金融与工商、税务、水电等条线的信息共享机制，强化信息采集，建立相对贫困群体信用信息系统，以提高相对贫困地区整体金融道德水平，构建诚实守信的文化氛围（张琦 等，2020）。第三，推广相对贫困金融治理的教育体系。强化相对贫困群体的金融启蒙和教育，提升其对金融资源在相对贫困治理中优势和发展潜力的认知。

3. 提升相对贫困金融治理风险防范措施

面对金融风险，最有效降低风险的手段是构建风险对冲机制。如今防疫常态化，各地新冠零星而起，建立一个有保障的风险对冲机制更有利于守住返贫底线、缓解相对贫困。对于各种农产品，可以尝试按照"银行＋期货＋保险"的模式，利用期货公司的优势帮助相对贫困地区的农户提前

锁定农产品价格和市场风险。与此同时，也要重视在整个农业生产过程中保险的参与，根据各地区的实际情况，合适、科学地设计保险金融产品，稳定农业生产性收入。此外，还应完善农产品市场信息共享渠道，为相对贫困打通市场信息的来源，使其在经营生产决策上做出正确判断。降低金融风险还有一个有效的方式是提高贷款的物品抵押率。目前，农业抵押物的范围都很窄，破解缺乏抵质押物的难题势在必行。为此，可以积极拓宽农业抵押物范围，引导金融机构推广温室大棚、养殖圈舍、大型农机具、渔船等抵押融资和生猪、肉牛、水产等"活体抵押＋保单增信＋银行授信"融资模式。

结 语

现行标准下的绝对贫困解决以后，新时代的贫困治理将突出表现为如何治理和缓解相对贫困。党的二十大报告指出，"我们要实现好、维护好、发展好最广大人民根本利益，提高公共服务水平，增强均衡性和可及性，扎实推进共同富裕。"而实现共同富裕的关键是缩小差距，研究相对贫困具有重要的现实意义。相对贫困的治理是一项动态性、长期性、系统性的任务，因此相对贫困治理需要突破绝对贫困的局限。相对贫困表现为相对收入的"贫"和相对能力的"困"，更宜采用开发式扶贫也即"造血"式扶贫，以"可持续性"来构建系统性、创新性的相对贫困治理长效机制，逐步形成一套适合中国国情的缓解相对贫困的长远有效机制和政策体系，为实现"以中国式现代化全面推进中华民族伟大复兴"的第二个百年奋斗目标做出贡献。

参考文献

(美) 爱德华·肖，1992. 经济发展中的金融深化 [M]. 上海三联书店.

陈全功，李忠斌，2009. 少数民族地区农户持续性贫困探究[J]. 中国农村观察 (5)：39-48＋55＋96.

陈岳，朱哲，2021. 中国农村相对贫困的特征及长效解决机制的构建[J]. 农村经济与科技 (8)：194-196.

邓力，2021. 金融扶贫思想研究与实践探索[J]. 今日财富 (18)：214-216.

范和生，武政宇，2020. 相对贫困治理长效机制构建研究[J]. 社会科学文摘 (4)：11-13.

樊杰，周侃，伍健雄，2020. 中国相对贫困地区可持续发展问题典型研究与政策前瞻[J]. 中国科学院院刊 (10)：1249-1263.

方舒，王艺霏，2019. 金融能力与相对贫困治理——基于CFPS2014数据的实证研究[J]. 社会学评论，9 (3)：181-198.

冯丹萌，陈洁，2019. 脱贫之后如何防止返贫——基于三省四县的调查[J]. 农村工作通讯 (21)：48-49.

高明，唐丽霞，2018. 多维贫困的精准识别——基于修正的FGT多维贫困测量方法[J]. 经济评论 (2)：30-43.

高强，孔祥智，2020. 论相对贫困的内涵、特点难点及应对之策[J]. 新疆师范大学学报 (3)：120-128.

高巍，林梦瑶，2022. 精准扶贫背景下普惠金融服务模式创新研究[J]. 商业经济 (01)：177-179.

巩艳红，薛倩，2021. 普惠金融发展对相对贫困的影响分析[J]. 统计与决策，37 (11)：160-163.

顾海英，2020. 新时代中国贫困治理的阶段特征、目标取向与实现路径[J]. 上海交通大学学报 (6)：28-34.

郭晓鸣，王蔷，2020. 农村集体经济组织治理相对贫困：特征、优势与作用机制[J]. 社会科学战线（12）：67-73.

韩广富，辛远，2020. 农村相对贫困的特征、境遇及长效解决机制[J]. 福建论坛（9）：119-130.

河源市乡村振兴局，2021. 河源市脱贫攻坚主要成效[OL]. http：//www.heyuan.gov.cn/hysfpj/gkmlpt/content/0/421/post_42196-02-26.

胡鞍钢，李春波，2001. 新世纪的新贫困：知识贫困[J]. 中国社会科学，（3）：70-81＋206.

黄维，张茂然，徐微，2018. 从保障资助到发展资助：反贫困视角下我国大学生资助制度的困境与改革路径[J]. 长沙大学学报（4）：25-30.

蒋华丰，陈飞翔，2010. 反贫困的草根金融模式研究：小额信贷与发展权利[J]. 中国证券期货（11）：110.

赖育艺，2020. 新时代河源市精准扶贫问题与对策研究[D]. 广东：仲恺农业工程学院，6.

阆中市乡村振兴局，2019. 构建金融助力打赢脱贫攻坚战的长效机制[OL]. www.langzhong.gov.cn/special/info/19337.html-11-26.

李嘉敏. 精准扶贫实践中

刘芳，2017. 国外农村金融反贫困模式：实践经验与启示[J]. 世界农业（9）：28-33.

刘茂平，2022. 相对贫困金融治理长效机制构建研究[J]. 邵阳学院学报（5）：37-43.

刘茂平，2022. 金融治理视角下建立解决河源市相对贫困长效机制研究[J]. 商展经济（5）：79-82.

刘茂平，2021. 金融机构参与精准扶贫对其企业价值的影响研究[J]. 商学研究（4）：57-66＋128.

刘茂平，郑林灿，2020. 金融防返贫的作用和对策研究[J]. 海峡科学（12）：69-75.

刘茂平，江熹玲，乔雪鹤，2022. 大学生相对贫困及其金融治理研究[J]. 产业与科技论坛（20）：255-257.

刘雨松，钱文荣，2018. 正规、非正规金融对农户创业决策及创业绩效的影响——基于替代效应的视角[J].经济经纬，35（2）：41-47.

刘炀，2018. 我国农村非正规金融对农户脱贫的影响研究[D].湘潭大学.

陆康强，2007. 贫困指数：构造与再造[J].社会学研究（4）：1-22＋243.

卢盛峰，陈思霞，时良彦，2018. 走向收入平衡增长：中国转移支付系统"精准扶贫"了吗？[J].经济研究（11）：49-64.

（美）罗纳德·麦金农，1980. 经济发展中的货币与资本[M].上海三联书店.

马光荣，郭庆旺，刘畅，2016. 财政转移支付结构与地区经济增长[J].中国社会科学（9）：105-125＋207.

彭见琼，2019. 民族地区金融发展的减贫效应研究[D].西南民族大学.

申云，陈劭莉，2020. 财政扶贫与金融扶贫效率比较研究[J].农村金融研究（1）：27-36.

沈红丽，2019. 正规金融、非正规金融与家庭创业——基于 Logit 和 PSM 模型的研究[J].统计与信息论坛，34（12）：31-39.

沈红丽，2021. 正规信贷还是非正规信贷提升了农户家庭福利？——基于倾向得分匹配方法的研究[J].现代财经，374（3）：70-82.

谭景平，2020. 我国财政与金融扶贫协同机制研究[D].长春：吉林大学.

谭霖，2020. 凝聚金融力量，决胜脱贫攻坚[N].河源日报-9-19.

徐淑红，朱显平，2016. 人力资本视阈下的反贫困问题研究[J].社会科学战线（7）：271-274.

王汉杰，温涛，韩佳丽，2018. 深度贫困地区农村金融与农户收入增长：益贫还是益富？[J].当代财经，408（11）：44-55.

王韧，何正达，郭晓鸣，等，2021. 相对贫困治理中的金融扶贫创新研究[J].农业经济问题（4）：59-70.

汪三贵，刘明月，2020. 从绝对贫困到相对贫困：理论关系、战略转变与政策重点[J].华南师范大学学报（6）：19-29＋189.

汪三贵，张伟宾，陈虹妃，2012. 少数民族贫困变动趋势、原因及对策[J].贵州社会科学（12）：85-90.

王思宇，2021. 相对贫困问题中的农业政策性金融支持机制[J]. 现代营销
（9）：1-3.

王文明，2020. 建立健全全面建成小康社会后解决相对贫困问题的长效机
制[J]. 黄河科技学院学报（4）：67-73.

王雪岚，2020. 从绝对贫困治理到相对贫困治理：中国精准扶贫长效机制
的实践路径分析[J]，沈阳工程学院学报（1）：52-57＋90.

吴振磊，2020. 相对贫困治理特点与长效机制构建[J]. 人民周刊（13）：
74-75.

谢玲红，吕开宇，张崇尚，2022. 中国扶贫小额信贷政策：历史变迁与未
来展望[J]. 兰州学刊（2）：124-134.

信瑶瑶，2019. 中国农村金融扶贫的制度变迁与生成逻辑[J]. 甘肃社会科
学（3）：151-156.

殷浩栋，王瑜，汪三贵，2018. 贫困村互助资金与农户正规金融、非正规
金融：替代还是互补？[J]. 金融研究（5）：120-136.

禹鸿原，2018. 湖南省精准扶贫的金融支持研究[D]. 中南林业科技大学.

张春艳，2012. 我国"因灾返贫"问题研究[D]. 西北大学.

张丽敏，2019. 扶贫攻坚中返贫问题的成因与对策研究[J]. 中国集体经济
（28）：5-8.

张宁，张兵，秦晓晖，等，2016. 非正规金融对农村家庭收入、消费水平
的影响分析[J]. 东南大学学报（9）：91-100.

张琦，樊响，孔梅，2020. 2020 年后我国金融扶贫的思考和建议[J]. 农村
金融研究（2）：3-10.

张亦然，2021. 基础设施减贫效应研究——基于农村公路的考察[J]. 经济
理论与经济管理（2）：28-39.

张智勇，唐蓉，向阳腾，2018. 远离贫困，从一份保单开始——湖南创新开
展扶贫特惠保，实现脱贫路上"零风险"[J]. 农村工作通讯（4）：58-60.

张曾莲，董志愿，2020. 参与精准扶贫对企业绩效的溢出效应[J]. 山西财
经大学学报（5）：86-98.

章文光，2019. 建立返贫风险预警机制化解返贫风险[J]. 人民论坛（23）：

68-69.

周俊才，2017. 金融扶贫与固脱防返政策探析——以武威市为例[J]．甘肃金融（9）：15-18.

周孟亮，彭雅婷，2015. 我国连片特困地区金融扶贫体系构建研究[J]．当代经济管理（4）：85-90.

周强，张全红，2019. 农村非正规金融对多维资产贫困的减贫效应研究[J]．中南财经政法大学学报，235（4）：46-57.

赵海，2020. 支持解决相对贫困问题的思路与对策[J]．农业发展与金融（10）：20-23.

赵跃军，2019. 吉林省金融助推农村脱贫攻坚问题研究[D]．长春：吉林大学．

钟秋萍，2017. 对新时期河源市分散贫困人口精准扶贫的思考[J]．纳税（3）：146-147.

祝红，2019. 格莱珉银行模式对中国扶贫脱贫的启示[J]．石家庄铁道大学学报（社会科学版），13（1）：55-58.

Alkire S，Foster J，2011. Counting and Multidimensional Poverty Measurement[J]．Journal of Public Economics，95（7-8）：476-487.

Bruhn M，Love I，2014. The Real Impact of Improved Access to Finance：Evidence from Mexico[J]．The Journal of Finance，69（3）：1347-1376.

Bruhn M，Ravallion M，Squire L，1998. Equity and Growth in Developing Countries：Old and New Perspectives on the Policy Issures[J]．In V. Tanzi and K. Chu Income Distribution and High-quality Growth，Cambridge，MA：MIT press：128.

Dehejia R H，Wahba S，2002. Propensity Score-matching Methods for Non-experimental Causal Studies[J]．Review of Economics and Statistics，84（1）：151-161.

Easterly W，2001. The Lost Decades：Developing Countries' Stagnation in Spite of Policy Reform 1980—1998[J]．Journal of Economic Growth，6（2）：135-157.

Foster J, Greer J, Thorbecke E, 1984. A Class of Decomposable Poverty Measures [J]. Econometrica: Journal of the Econ014tric society, 52 (3): 761-766.

Galbraith J, 1958, The Affluent Society [M]. Boston, MA: Houghton-Mifflin.

Geda A, Shimeles A, Zerfu D, 2006. Finance and Poverty in Ethiopia: A Household Level Analysis [R]. WIDER Working Paper Series.

Malthus T, 1798. An Essay on the Principle of Population [M]. London: Paul's Church-Yard.

Moyo D, 2009. Dead Aid: Why Aid is Not Working and How There is a Batter Way for Africa [M]. London: Allen Lane, penguin books.

Navick, 2020. Factors Behind the Changes in Income Distribution in the Baltics: Income, Policy, Demography [J]. Journal of Baltic Studies, 51 (2): 137-157.

Khan M, Saboor A, Rizwan M, et al., 2020. An Empirical Analysis of Monetary and Multidimensional Poverty: Evidence from a Household Survey in Pakistan, Asia Pacific [J]. Soc. Work Dev.: DOI: 10. 1080/02185385. 2020. 1712663.

Ravallion M, 1995. Growth and Poverty: Evidence for Developing Countries in the 1980s [J]. Economics Letters. 48 (3-4): 411-417.

Rosenbaum P R, Rubin D B, 1983. The Central Role of the Propensity Score in Observational Studies for Causal Effects [J]. Biometricka, 70 (1): 41-55.

Sachs J, 2005. The End of Poverty: Economic Possibilities for Our Time [M]. New York: Penguin Press.

Sen A K, 1976. Poverty: An Ordinal Apporach to Measurenment [J]. Econometrica, 44 (2): 219-231.

Sen A K, 1982. Choice, Welfare, and Measurement [M]. London: Paul's Church-Yard.

Sen A K, 1982. Poverty and Famines: An Essay On Entitlement and Deprivation [M] . Oxford: Oxford University Press.

Sen A K, 1999. Development as Freedom [M]. New York: Oxford University Press.

Squire L, 1993. Fighting Poverty [J] . American Economic Review, Papers and Proceedings, 83 (2): 377-382.

Squire, L, 1999. The Evolution of Thinking About Poverty: exploring the interaction [J] . Ninth Bradford Development Lecture.

Staiger D, Stock J H, 1997. Instrumental Variables Regression with Weak Instruments [J] . Econometrica, 65 (3): 557-586.

Townsend P, 1979. Poverty in the United Kingdom [M]. University of California Press.

World Bank, 2001. World Development Report 2000/2001: Attacking Poverty [M]. New York: Oxford University Press: 88.

附　　录

广师大大学生"相对贫困（相对剥夺）感"问卷

简介：广师大官推的广师大学子全部是颜值高、成绩好、运动强、才华多、社交广的完美"男神""女神"。但：

你是否会因为所处环境，而感到压力和焦虑呢？

你是否在不经意间存在着一种"相对贫困（相对剥夺）"的感觉呢？

欢迎进入这一份测量"相对贫困（相对剥夺）感"的问卷。

（1）请你将自己放在广师大大学生这个群体中进行主观定位。

（2）若非出于评价方式、偶然机会等非能力相关因素的影响，你觉得自己能处于什么定位？

（3）最后，请你选择对上述现实的水平与自己本应处于的水平间的差距的感受。

你需要根据自身的实际感受作答，每道题可以选择1～7代表自身感受的程度，4代表中性。

您的性别：A：男　　　　B：女

您的年级：A：大一　　 B：大二　　 C：大三　　 D：大四

　　　　　E：研究生　　 F：其他

1-1　我觉得自己的受欢迎程度在广师大学生中处于：_____［（低水平）1～7（高水平）］。

1-2　若非外界因素的影响，我认为我本该处于：_____　　 ［（低水平）1～7（高水平）］。

1-3　我对上述现实的水平与我本应处于的水平间的差距感到：_____　　 ［（沮丧不满）1～7（愉快满意）］。

2-1　我觉得我在生日和其他节日时收到祝福数量在广师大学生中处于：_____　〔（低水平）1～7（高水平）〕。

2-2　若非外界因素的影响，我认为我本该处于：_____　〔（低水平）1～7（高水平）〕。

2-3　我对上述现实的水平与我本应处于的水平间的差距感到：_____　〔（沮丧不满）1～7（愉快满意）〕。

3-1　我觉得我拥有亲密好友的数量在广师大学生中处于：_____〔（低水平）1～7（高水平）〕。

3-2 若非外界因素的影响，我认为我本该处于：_____　〔（低水平）1～7（高水平）〕。

3-3　我对上述现实的水平与我本应处于的水平间的差距感到：_____　〔（沮丧不满）1～7（愉快满意）〕。

4-1　我觉得我的好朋友关心和理解我的程度：_____　〔（低水平）1～7（高水平）〕。

4-2　若非外界因素的影响，我认为我本该处于：_____　〔（低水平）1～7（高水平）〕。

4-3　我对上述现实的水平与我本应处于的水平间的差距感到：_____　〔（沮丧不满）1～7（愉快满意）〕。

5-1　我觉得自己在需要帮助时向周围人提出请求能力在广师大学生中处于：_____　〔（低水平）1～7（高水平）〕。

5-2　若非外界因素的影响，我认为我本该处于：_____　〔（低水平）1～7（高水平）〕。

5-3　我对上述现实的水平与我本应处于的水平间的差距感到：_____　〔（沮丧不满）1～7（愉快满意）〕。

6-1　我觉得自己在小组讨论中引导话题走向的水平在广师大学生中处

于：_____　　〔（低水平）1～7（高水平）〕。

6-2　若非外界因素的影响，我认为我本该处于：_____　　〔（低水平）1～7（高水平）〕。

6-3　我对上述现实的水平与我本应处于的水平间的差距感到：_____　　〔（沮丧不满）1～7（愉快满意）〕。

7-1　我觉得我融入所处的团体（班级，社团组织）等的程度在广师大学生中处于：_____　　〔（低水平）1～7（高水平）〕。

7-2　若非外界因素的影响，我认为我本该处于：_____　　〔（低水平）1～7（高水平）〕。

7-3　我对上述现实的水平与我本应处于的水平间的差距感到：_____　　〔（沮丧不满）1～7（愉快满意）〕。

8-1　我觉得自己在日常交流中能清楚表达自己想法在广师大学生中处于：_____　　〔（低水平）1～7（高水平）〕。

8-2　若非外界因素的影响，我认为我本该处于：_____　　〔（低水平）1～7（高水平）〕。

8-3　我对上述现实的水平与我本应处于的水平间的差距感到：_____　　〔（沮丧不满）1～7（愉快满意）〕。

9-1　我觉得我的学习能力与效率在广师大学生中处于：_____　　〔（低水平）1～7（高水平）〕。

9-2　若非外界因素的影响，我认为我本该处于：_____　　〔（低水平）1～7（高水平）〕。

9-3　我对上述现实的水平与我本应处于的水平间的差距感到：_____　　〔（沮丧不满）1～7（愉快满意）〕。

10-1　我觉得我的奖学金状况在广师大学生中处于：_____　　〔（低水平）1～7（高水平）〕。

10-2 若非外界因素的影响，我认为我本该处于：_____ 〔（低水平）1～7（高水平）〕。

10-3 我对上述现实的水平与我本应处于的水平间的差距感到：_____ 〔（沮丧不满）1～7（愉快满意）〕。

11-1 我觉得我的获奖情况在广师大学生中处于：_____ 〔（低水平）1～7（高水平）〕。

11-2 若非外界因素的影响，我认为我本该处于：_____ 〔（低水平）1～7（高水平）〕。

11-3 我对上述现实的水平与我本应处于的水平间的差距感到：_____ 〔（沮丧不满）1～7（愉快满意）〕。

12-1 我觉得父母给我的支持程度在广师大学生中处于：_____ 〔（低水平）1～7（高水平）〕。

12-2 若非外界因素的影响，我认为我本该处于：_____ 〔（低水平）1～7（高水平）〕。

12-3 我对上述现实的水平与我本应处于的水平间的差距感到：_____ 〔（沮丧不满）1～7（愉快满意）〕。

13-1 我觉得我与家人互相关心程度在广师大学生中处于：_____ 〔（低水平）1～7（高水平）〕。

13-2 若非外界因素的影响，我认为我本该处于：_____ 〔（低水平）1～7（高水平）〕。

13-3 我对上述现实的水平与我本应处于的水平间的差距感到：_____ 〔（沮丧不满）1～7（愉快满意）〕。

14-1 我觉得我对未来规划的清晰程度在广师大学生中处于：_____ 〔（低水平）1～7（高水平）〕。

14-2 若非外界因素的影响，我认为我本该处于：_____ 〔（低水平）1～7（高水平）〕。

14-3　我对上述现实的水平与我本应处于的水平间的差距感到：
_____　〔（沮丧不满）1～7（愉快满意）〕。

15-1　我觉得我的思想深度在广师大学生中处于：_____　〔（低水平）1～7（高水平）〕。

15-2　若非外界因素的影响，我认为我本该处于：_____　〔（低水平）1～7（高水平）〕。

15-3　我对上述现实的水平与我本应处于的水平间的差距感到：
_____　〔（沮丧不满）1～7（愉快满意）〕。

16-1　我觉得我的才艺情况在广师大学生中处于：_____　〔（低水平）1～7（高水平）〕。

16-2　若非外界因素的影响，我认为我本该处于：_____　〔（低水平）1～7（高水平）〕。

16-3　我对上述现实的水平与我本应处于的水平间的差距感到：
_____　〔（沮丧不满）1～7（愉快满意）〕。

17-1　我觉得我的自制力在广师大学生中处于：_____　〔（低水平）1～7（高水平）〕。

17-2　若非外界因素的影响，我认为我本该处于：_____　〔（低水平）1～7（高水平）〕。

17-3　我对上述现实的水平与我本应处于的水平间的差距感到：
_____　〔（沮丧不满）1～7（愉快满意）〕。

18-1　我觉得我的执行力在广师大学生中处于：_____　〔（低水平）1～7（高水平）〕。

18-2　若非外界因素的影响，我认为我本该处于：_____　〔（低水平）1～7（高水平）〕。

18-3 我对上述现实的水平与我本应处于的水平间的差距感到：_____ 〔（沮丧不满）1～7（愉快满意）〕。

19-1 我觉得我的体质健康情况在广师大学生中处于：_____ 〔（低水平）1～7（高水平）〕。

19-2 若非外界因素的影响，我认为我本该处于：_____ 〔（低水平）1～7（高水平）〕。

19-3 我对上述现实的水平与我本应处于的水平间的差距感到：_____ 〔（沮丧不满）1～7（愉快满意）〕。

20. 我认为题目中的"外界因素"具体指什么？

    填空：

21. 我或我家有没有因交学费、学校生活费等开支向银行借款（包括国家助学贷款）？

    A：有   B：无

22. 我或我家有没有因交学费、学校生活费等开支向亲友或民间借贷？

    A：有   B：无

23. 我或我家有没有收到过社会捐助？

    A：有   B：无

24. 我或我家有没有收到过政府补助？

    A：有   B：无

25. 我来自城市还是农村？

    A：城市   B：农村

26. 我来自哪个省？（最后一题，感谢您的参与！）

    填空：

后　记

　　尽管"相对贫困"还没有一个完全统一的定义，但其内涵中"贫困状态的相对性"这一特征是得到一致认可的。在一定的贫困标准下，"绝对贫困"是可以消除的，但"相对贫困"是一直存在的。也就是说，绝对贫困与相对贫困可以同时存在；而在绝对贫困消除之后，相对贫困依然存在。因此，对相对贫困研究的时间样本可以是绝对贫困与相对贫困共存时期，可以是相对贫困单独存在时期，也可以是上面两个时期的重叠时期。

　　本书在"金融机构参与扶贫对其企业绩效的影响分析"的实证分析中所选取的样本时间段是 2016—2019 年，这是根据数据的可得性来定的：我国精准扶贫（绝对贫困与相对贫困共存时期）的提出时间是 2013 年 11 月，具体实施时间是 2015 年 1 月。所以 CSMAR 数据库收集的数据是从 2016 年开始的，也就是说能获得的数据是从 2016 年开始的。之所以选用截至 2019 年的数据，是因为在分析"金融机构在参与到精准扶贫时期缓解包括相对贫困在内的扶贫行为对金融机构本身绩效的影响"时，2020 年后精准扶贫已经告一段落，因此只能用到 2019 年作为研究时间段。而在分析"金融支持与相对贫困缓解的实证分析"时所用到的数据也是因为数据的可得性：写成此书时所能得到的 CFPS 数据库的最早数据。尽管这些数据都是绝对贫困和相对贫困同时存在时期的数据，但不影响对"相对贫困"问题的研究。在此书即将交付出版之际，CFPS 刚好推出最新一期数据，利用最新一期数据对相关问题的研究，以及把"金融"拓展到数字金融等，都是今后研究的努力方向。

　　本书是 2023 年度广东省哲学社会科学规划项目"家庭相对贫困治理视域下数字普惠金融支持研究"（GD23CLJ02）和 2022 年广东技术师范大学

博士点建设单位科研能力提升项目"金融支持与相对贫困缓解研究"（22GPNUZDJS62）的阶段性成果。感谢吉林大学出版社参与本书统筹规划和精心编辑的领导和老师，感谢广东技术师范大学财经学院多年来在科研和教学上给与我帮助的领导和老师，是您们的支持和帮助使此书得以面世出版。因作者水平有限，书中不当之处在所难免，敬请读者批评指正。